名古屋城・天守木造復元の落とし穴

はじめに

いま、城がブームだ。

全国各地の城を、年配者は言うに及ばず若い人まで男女を問わず多くの人が訪れている。日本には、古代山城、中世の城館、戦国時代の山城、琉球王国の首里城、近世城郭、さらに西洋式の五稜郭まで、多彩な城が築かれた。もっとも、城というと多くの人がまず思い浮かべるのは、高い石垣に築かれた、白壁に瓦屋根の天守がそびえる近世城郭であろう。織田信長の安土城で確立されたとされる。

近世城郭は城を中心に城下町をともなっていることを大きな特徴とし、城下町はそのまま発展し、いまの都市として続いているところも多い。

明治以来、城は取り壊されたり、第二次世界大戦末期の空襲で焼失したりして、多くの天守や櫓《やぐら》が消え失せた。しかし戦後復興期に、鉄筋コンクリート造りで復興、復元されたものも多い。かつては都市の中心に天守がそびえ、それを眺めながら暮らしてきた市民にとって、天守がアイデンティティの象徴と考えられたのだろう。

ところがいま、そうした復興天守などがいずれも建造以来五〇、六〇年以上たち、耐震問題を抱え対策を迫られている。

そうした中で、名古屋城は、二〇〇九年名古屋市長選挙で初当選した河村たかし市長が、天守の木造復元を宣言して以来一五年たった。ようやく整備基本計画を文化庁に提出できる目前まで来ていたが、バリアフリーをめぐる市民討論会で差別発言が出て、検証を終えるまでストプしてしまった。

耐震問題を抱えた全国各地の天守や櫓の対策のお手本となるべき名古屋城だったはずだが、なぜここまで遅れたのだろうか。その間に、大阪城、熊本城、福山城、岡山城などは現鉄筋コンクリート天守の耐震補強をすませ一般に公開されている。

江戸時代のままの〝木造天守〟が、火災に弱い宿命をもち、大地震や豪雨などの災害が大規模化する中で、建築基準法が定める要件を満たして復元できるのだろうか。〝史実に忠実〟な木造天守と謳われるが、そもそも復元天守は〝本物〟なのか、それは文化財なのか、誰のために、何の目的をもった建築物なのか。

名古屋城天守木造復元計画の迷走と全国各地の城の木造化や耐震補強の取り組みから、城再建の問題点と今後を探ってみたい。

II　各地の城郭復元・修復事情

I

名古屋城・天守木造復元のゆくえ

プロローグ

近世城郭の到達点、名古屋城

名古屋城は、近世城郭の到達点、城郭史上、最盛期の技巧を示しているとされる。

近世城郭は、天正四年（一五七六）、織田信長が築いた安土城で確立し、織田信長、豊臣秀吉、徳川家康流の城づくりである織豊《しょくほう》系城郭が戦国時代から近世初期に全国に広まる。名古屋城はその到達点であり、最盛期の技巧を示しているとされるのである。

関ヶ原の戦いに勝利した徳川家康は、九男の義直《よしなお》を尾張藩主とするに当たり、名古屋城築城を決め、二〇の諸大名を動員（助役）した公儀普請《こうぎぶしん》により築城した。築城は慶長一五年（一六一〇）に始まり、天守は慶長一七年（一六一二）に完成した。それまで尾張の中心であった清須《きよす》から城、城下をあげて名古屋に移転したのは「清州越し」として知られる。そうして形成された名古屋城と城下町は、現代まで続く名古屋の都市形成の起点となっている。

大天守《おおてんしゅ》は五層五階、地下一階で、高さは天守台一九・五メートル、建屋三六・一メートルの合計五五・六メートル。いまでいえば一八階建ての高層建築に相当する。江戸城や徳川大坂城

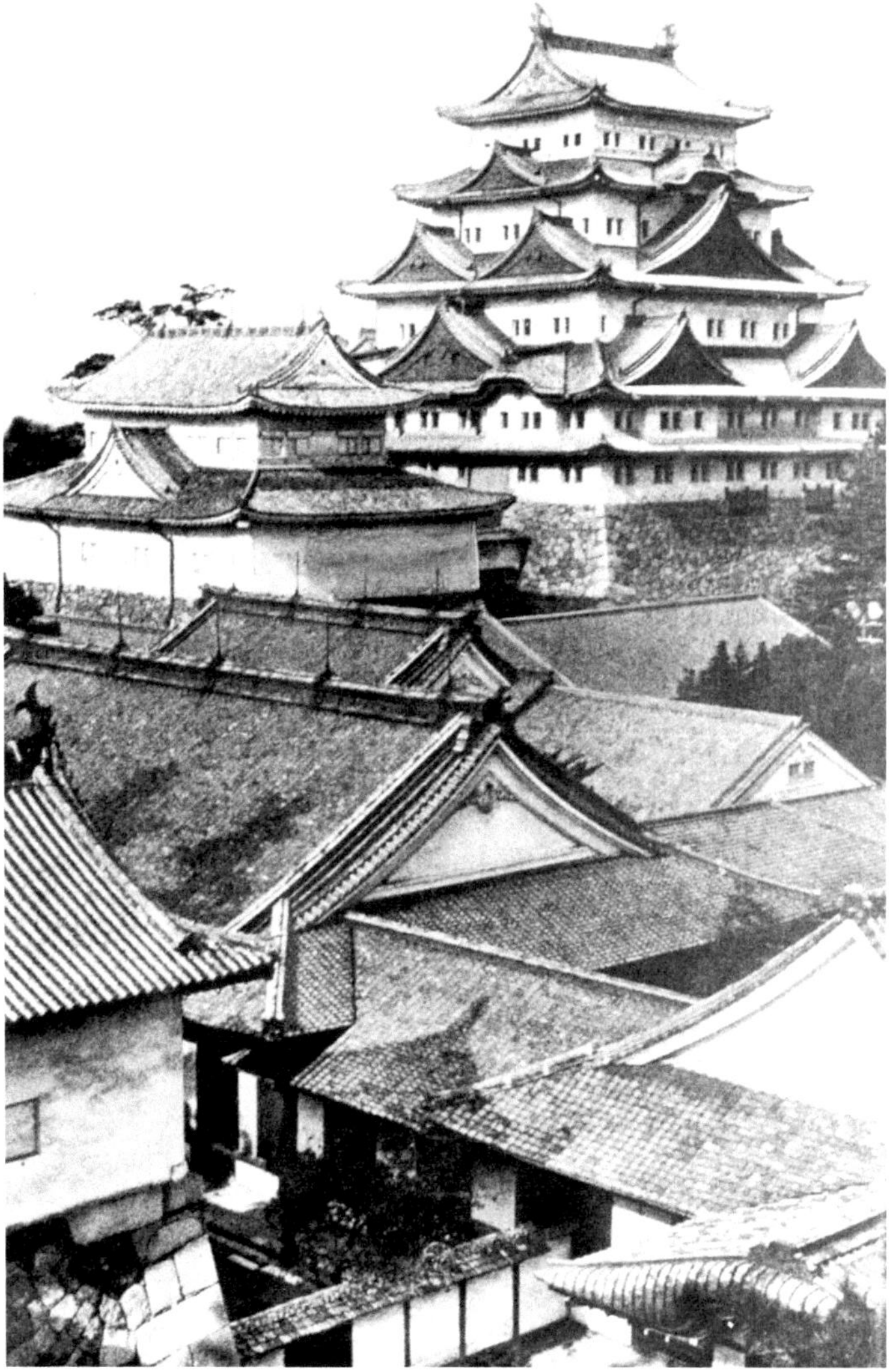
戦前の名古屋城

の天守に及ばないが、江戸城、大坂城天守は江戸時代前期にどちらも焼失しており、江戸時代を通して存在した天守では名古屋城天守が最も高かった。延べ床面積は四四二四・五平方メートルで、史上最大の規模であった。

ちなみに、「天守閣」とよく呼ばれるが、安土城では織田信長が「天主《てんしゅ》」と呼び、以後、江戸時代を通じて「天守《てんしゅ》」と呼ばれた。「天守閣」は幕末、明治時代以降使われるようになった俗称とされる。したがって、本書では「天守」と呼ぶことにする。ただし「天守閣」が公式文書などに使用されている場合は、それによる。

名古屋城は、金鯱城《きんこじょう》とも呼ばれた。名古屋城、とりわけ天守は、徳川家康の支配力や尾張徳川家の権威を誇示するもので、天守の最上層大棟《おおむね》の両端に豪華絢爛な雌雄一対の金の鯱《しゃち》を載せていたからだ。

本丸御殿《ほんまるごてん》は、京都の二条城二の丸御殿とならんで近世城郭御殿建築の最高傑作とされ、御殿内の随所に狩野派が描いた障壁画《しょうへきが》が飾られた。当初藩主の住居、政務の場であった本丸御殿は、三代将軍徳川家光が上洛する際の宿舎にあてられて以降、将軍専用とされ、藩主の住居は二之《にの》丸《まる》御殿となった。

名古屋城天守は、築造後一四〇年ほどたって大天守台《おおてんしゅだい》の石垣で、積み上げられた石（築石《つきいし》）が外側に押し出してくる「孕《はら》み出し」が起こり、大天守が堀側に大きく傾いたために、「宝暦

復元本丸御殿の障壁画

の大修理」が行われた。五層五階の天守の一、二階部分を解体して、天守台石垣の西側、北側を解体し積み直した。天守本体を巨大な轆轤《ろくろ》と太い縄で引き寄せ、テコの原理を応用して上げ起こすという大工事であったという。

明治時代になると、名古屋城には陸軍第三師団がおかれたが、本丸は一八九三年（明治二六）に宮内省に移管されて名古屋離宮となり、一九三〇年（昭和五）に名古屋市に下賜された。そして、その前年に「古社寺保存法」を引き継いで制定された「国宝保存法」によって、名古屋城天守は城郭としては第一号の国宝に指定されたのである。

しかし、太平洋戦争末期の一九四五年五月一四日、名古屋空襲で、大天守、小天守《こてんしゅ》、本丸御殿、金鯱などが焼夷弾の直撃を受け焼失した。

現在、名古屋城跡に建つ天守は、戦後、一九五九年に再興された鉄骨鉄筋コンクリート造りである。鉄骨鉄筋コンクリート造りは英語でSteel Reinforced Concrete Constructionといい、戦後の復興天守のことを略して「ＳＲＣ造天守」と呼ぶことがある。しかし、鉄骨鉄筋コンクリート造りと鉄筋コンクリート造り（Reinforced Concrete Construction：ＲＣ造）を、日本では総称して鉄筋コンクリート造りと呼ぶこともある。そこで本書では、ほかの城も含め「鉄筋コンクリート造り」「鉄筋コンクリート天守」と呼ぶことにしよう。

名古屋城天守の復興は、名古屋市の戦後復興の象徴として市民の間から機運が盛り上がった

米軍 B29 編隊の焼夷弾が命中し炎上する天守（1945.5.14）

ものだった。一九五四年に名古屋城再建基金が始まり、一九五七年に名古屋市制七〇周年記念事業として再建が開始された。愛知県、名古屋市が一体となって支援組織がつくられ、主要企業をまわって寄付金が集められた。復興天守の総工費六億四〇〇〇万円のうち二億円は寄付である。金の鯱を抱きどっしりと雄大な現鉄筋コンクリート天守は、いまも名古屋市の象徴としてそびえている。

鉄筋コンクリート天守といっても、外観は元の天守そっくりに復元されている。というのも、国宝に指定された直後から実測して姿形が記録されていた(「昭和実測図」)。また、尾張藩が江戸時代後期からの名古屋城の施設や規制をまとめた『金城温古録《きんじょうおんころく》』などがあり、全国でもめずらしい往事の姿が正確にわかる城だ。

天守の金の鯱は大阪造幣局に依頼してつくられ、名古屋市内ではパレードで出迎えられた。天守内部は七階建てで、博物館になっており、エレベーターが設置された(現在は耐震問題があるとして閉鎖されている)。

戦災をまぬがれた西南隅櫓《すみやぐら》、西北隅櫓、東南隅櫓、本丸表二之門、二之丸大手二之門、二之丸東二之門、および戦時中は外して保管されていて戦災をまぬがれた旧本丸御殿の障壁画などが重要文化財になっている。また、城跡全体は〝遺跡の国宝〟ともいえる国の特別史跡に指定され「特別史跡名古屋城跡」となっている。さらに、本丸御殿は木造復元整備が完成し(二

足場がとかれて姿を現した現鉄筋コンクリート天守（1959.2.22）

〇一八年六月)、公開されている。

さて、こうした歴史のある現鉄筋コンクリート天守がいま、築後六〇年あまりを経て老朽化が進み、今後どうするかが課題になっているのである。

特別史跡名古屋城跡と名古屋市街地
天守の左手は小天守、その左下に広がるのは本丸御殿

1. 天守木造復元計画はこうして始まった

河村市長、初当選直後に天守木造復元宣言

二〇〇九年四月二六日の名古屋市長選挙で初当選した河村たかし市長は、翌月一八日に行った初の定例記者会見で、旧国宝一号であり空襲で焼失した名古屋城の天守木造復元に初めて言及した。

天守閣は国宝一号であり、残念ながら空襲で焼けてしまった。名古屋の人間にとって魂を失ったという。この悲しみをどうしてくれるということを、私は強く訴えたい。市民のみなさんと一緒にそれを取り戻す。やっていきたいと思います。

翌二〇一〇年の、徳川家康が城を清須から名古屋に移したいわゆる清須越しの名古屋開府四〇〇年記念事業を控え、松原武久《たけひさ》前市長の肝いりで進められた本丸御殿復元事業が一月に着工したばかりだった。ところが、前年に起こったリーマンショックにともなう不況の中、市民の間に本丸御殿復元見合わせの声もあがっていた。そうした中、現鉄筋コンクリート天守は、松原前市長のもとで耐震補強するよう検討されていたが、河村市長は、空襲で焼けた「木造天守」を復元したいと訴えたのだ。

復元にむけての本格的な検討を開始するとの正式表明は八月一〇日。二〇一〇年度当初予算案に調査費を計上すると表明した。

自宅のある古出来《こでき》町の山車《だし》祭りの奉賛会長を務めるなど祭り好きを自任しており、「名古屋のアイデンティティーを確立したい」として名古屋城の天守木造復元を表明したのである。

河村市長は、市長選挙に当たって「庶民革命」を掲げ、「市民税一〇パーセント減税」「ボランティアによる地域委員会（仮称）の創設」などのマニフェストを掲げて当選した。その直後に自民党から民主党への政権交代が起こり、民主党出身の河村市政は全国的に注目を集めた。ところが、当初の公約では一割程度だった市議会議員の歳費削減を、半減するとの極端な提案に市議会の反発を招き、河村市長と市議会との対立が激化することになった。

河村市長は、対抗手段として市議会のリコール署名運動を市民に呼びかけて先頭に立ち、思いどおりにいきそうにないとみると突如辞任。市長選挙に再度立候補し、知事選挙・市長選挙・市議会議員のリコール投票のトリプル投票で再選をはたした。その後の市議会議員選挙で、市長与党の「減税日本」が第一党に躍進したのに乗じて市議会議員の歳費の半減を実現するなど、市政は激動した。その激動の裏で、名古屋城天守木造復元にむけて調査は着々と進められていった。

二〇一三年四月に河村市長は三選（二期目）。五月二九日には、本丸御殿第一期工事が完了し、玄関、表書院《おもてしょいん》などの一般公開が始まった。

二〇一四年には、天守木造復元と現鉄筋コンクリート天守の耐震補強のいずれがふさわしいか、優位性の調査が行われた。その結果、二〇一五年六月一七日の市議会経済水道委員会で、木造化に優位性があるとして「早期に木造化をめざす」との説明がされた。河村市長が、初当選後、天守木造復元の検討を初めて表明して以来、六年後のことであった。

「早期に木造化をめざす」理由

六年かけた調査の結果、「早期に木造化をめざす」とされた理由を見ていきたい。

木造復元か現鉄筋コンクリート天守を耐震化するのかを検討するに当たって、以下の四つの

「前提」が設定された。（1）現鉄筋コンクリート天守は「再建から五五年経ち、老朽化が進行している」し、（2）「耐震性能が現行の基準に合わない」、（3）「耐震改修した場合でも概ね四〇年の寿命」しかない、（4）「再建する場合は文化庁の見解として、木造復元に限られる」、の四つである。したがって、いずれかの時期には木造復元が必要になる。そこで、「可能な限り早期の木造復元」か、「耐震改修し概ね四〇年後の木造復元」かについて検討した、とされた。

それを前提に、「木材調達」「社会情勢」「施設運営」「財源」の四点について比較された。それぞれの結果は、名古屋市が市議会に示した〈表1〉をご覧いただきたい。

早く木造化すれば「現天守の耐震化と大規模改修が必要でなく」なり「光熱水費と通常改修費が一二億円」ですむのに対し、四〇年後の木造化では「現天守の耐震化費と大規模改修が必要」となり、「改修費に二九億円、光熱水費と通常改修費に四三億円」かかる。そして、「可能な限り早期の木造復元に優位性があった」と結論し、「今後は可能な限り早期の木造復元を目指し、調査結果などを市民に丁寧に説明しながら、財源の確保や技術的課題などをひとつひとつ整理していく」とした。

しかし、「財源は、いずれの場合も十分な検討が必要」とされ、財源の見通しは含まれていない。

表1　名古屋市による「耐震化」「木造復元」調査項目

区分		可能な限り早期の木造復元		耐震改修し概ね40年後の木造復元	
木材調達	大径木の流通量（角材として400mm角以上）	△	大径木の流通量が少ないため、困難であると考えられる	×	他の城郭等の整備が進むことにより、今後より一層入手が困難になっていくと予想される
	木曽檜（国有林）の流通量	△	木曽檜の供給量は、森林保護の観点から供給量を調整しており、入手困難な状況が続くと予想される	△	現状と40年後の木材流通量が大きく変化しないと考えられる
	一般木材の流通量	○	住宅用木材（120mm角程度）は安定して入手できる状況である	○	現状と40年後の木材流通量が大きく変化しないと考えられる
社会情勢	建築コスト	△	人工不足と資材不足による高騰が生じている	△	想定は困難であるが、人工不足や建設費の上昇は予測される
	生産年齢人口	○	平成27年に約143万人、平成32年に約140万人と予想される	△	平成52年には約116万人と予想される
	税収	○	好調な企業業績などにより3年連続で増収である	△	東京都の試算では、10年後に都税収が1.5%減、歳出が8%増となっている
	大工や技術者の確保	○	大工や技術者の確保が可能な状況である	△	減少傾向にあり、後年になるほど減少が予測される
施設運営	工事期間中の観光魅力	○	本丸御殿完成後であり、集客を見込むことが出来る	△	新たな観光資源等の検討が必要である
	40年間の維持管理費	○	現天守閣の耐震及び大規模改修が不要 光熱水費及び通常改修費　約12億円	×	現天守閣の耐震及び大規模改修が必要 改修費　約29億円 光熱水費及び通常改修費　約43億円
財源		△	十分な検討が必要	△	十分な検討が必要

注　○普通、△困難、×極めて困難

河村市長が初当選後六年かけて行われた検討結果だが、「天守木造復元」か「耐震補強」かの比較のはずが、耐震化しても四〇年後には木造化しなければならなくなることを前提に、「できるだけ早く木造化する」のと「四〇年後に木造化する」のといずれが優位かという比較にすり替わっている。

また、鉄筋コンクリート造りの建物が四〇年しかもたないというのは財務省が定めた減価償却資産の耐用年数を参考にしたにすぎず、後述するが、寿命をさらに延長できることを、文化庁も二〇二〇年に「鉄筋コンクリート造天守等の老朽化への対応について」の中で取りまとめている。

したがって、この調査結果の妥当性には疑問が残る。

名古屋城は唯一ちゃんと復元ができる城?

早期に木造化をめざすという方針に、市議会野党会派の共産党や公明党の議員から疑問や異論が飛び出した。

天守木造復元は文化庁の指示なのか? 基礎構造はコンクリートだが、〝史実に忠実〟な復元になるのか? と疑問が出て、「文化庁の基準には、外観を復元しつつ、内部の意匠や構造を変更して再現する歴史的建造物の復元的整備があり、必ずしも木造にこだわらなくても建て替えはできるはずだ」という意見も出た。また、文化財が収蔵されている小天守の代替収蔵施設のめどもついておらず、「特別史跡名古屋城跡全体整備計画　増補版」（二〇一二年策定）では「現在の鉄筋コンクリート天守を活用」としている。

名古屋市は、特別史跡名古屋城跡の保存整備の方針をまとめた「特別史跡名古屋城跡全体整備計画」を、本丸御殿を復元するのに先立って二〇〇六年に策定し、その増補版を二〇一二年に策定した。二〇一四年に行った市民へのネットアンケートでは、耐震化の支持が七〇パーセントにのぼっていると早期木造化への慎重論もあった。

それに対し、名古屋市側は、以下のような見解を示した。

歴史的建造物の復元には文化庁が定めた基準があるが、天守木造化に当たって、現鉄筋コンクリート天守を支える基礎の長大なコンクリート製の角柱であるケーソンは残すよう文化庁から指導を受けている。

〝史実に忠実〟という考え方は、原則として復元に用いる材料、工法は同時代のものを踏襲し、かつ当該遺跡の所在する地方の特性等を反映していることというのが文化庁の基本的な考え方だ。木造で、高い建物の建築は建築基準法の制限がかかるが、歴史的なものの復元だとか、そういうものは例外的に、名古屋市が設置している専門家などで構成される建築審査会に諮った後、建築基準法の適用除外ということが制度上できるようになっている。

本丸御殿復元の実績があり、名古屋城には昭和実測図、乾板写真等、歴史的な資料が多くあるので、日本の中でも唯一ちゃんとした復元ができる城である。一応そういう観点で、文化庁のほうもわれわれに話をしていると考えております、と。

締めくくりに宮村喜明市民経済局長は、現時点での文化庁の見解といたしましては木造復元に限られるということでございます。本当にできる限り史実に忠実な復元ができるというのは、全国で名古屋城しかないということもございますので、方向性として一歩を踏み出して、木造復元に向けて財源の問題、技術的な課題、法令的な課題の解決に向けて、精力的に私どもさらに深い調査を行っていきたい、と説明して議会に理解を求めた。

文化庁見解「建て直すなら木造しかない」はホント？

「文化庁は建て直すなら木造しかない」という見解を示しているという市側の説明をめぐって、二〇一五年七月一日の経済水道委員会は紛糾した。

それに対し、当局側があらためて文化庁に確かめたとして示した文化庁の見解（二〇一五年六月二二日）は以下のとおりである。

・天守の再建については、整備主体である地元の自治体がどのような内容の整備を行うか考えることが第一。
・その上で、天守を復元する場合は、原則として材料等は同時代のものを踏襲する必要があるが、それ以外の可能性を排除するものではない。
・名古屋城天守閣については、往時の資料が十分そろっていることを踏まえると、いわゆる復元検討委員会（文化庁が歴史的建造物の復元に関し、その規模・構造・形式等の妥当性を審査するために設けている有識者会議――著者）において木造によるでき得る限り史実に忠実な復元をすべきとの意見が出される可能性が極めて高いと考えられる。

この見解では、木造しかないとは言っていないようにも見えることもあって、名古屋市の「木造復元をめざす」という方針は市議会の同意を得られず、「天守閣整備の選択肢を示しながら、市民の意見を聞く」という方針にトーンダウンせざるを得なかった。

にわかに注目を集めた文化庁の見解について、七月六日に行われた定例記者会見で河村市長は以下の見解を示した。

旧名古屋城を撮影した乾板写真：天守および小天守（東北隅櫓より望む）

名古屋城の天守について、文化庁の見解ですけれど、／二段に分かれておりまして、まず一つは／やっぱり市が決めてちょうだいよと。

もう一つは、日本中のお城についてですよ。／木造でやりたいところもあるだろうし、木造以外でやりたいところもありますけれど、それぞれの可能性は排除しないと。

しかし、こと名古屋城については、昔からの資料がきちっと残されとるので、木造によって復元しないといかんよという意見が出る可能性は極めて高いというふうに言われたということは、わしも何べんも確認しております。

もう二年か三年ぐらい前に文化庁に話をしまして／だから、これはもう木造ということになるんですよ。（／は中略の表示、以下同）

この記者会見でも、文化庁の見解は誰が示したものなのかと記者から質問が出たが、河村市長は言葉を濁して答えていない。この時以降、折にふれ「文化庁のえらいさんから――と説明いただいている。ご理解いただいている」などと発言することがあるが、それが誰の発言か言明しないのが常である。

私も疑問に思い、文化庁で史跡の現状変更などを担当する記念物課史跡部門の佐藤正知《まさとも》主任文化財調査官（当時）に確かめてみた。佐藤氏は、「天守木造化に関して申請を受けてはいないし、耐震補強もあるわけだから建て替えを前提とした回答ではない。いまの段階では文化庁はニュートラルだ」との回答を得た。そう理解していたのだが、その後、名古屋市は、上記の見解を「文化庁長官の見解」と説明しだした。

そこで、当時文化庁長官であった青柳正規氏に電話で確かめてみた。確かめたのは五年もたってからのことであったが、青柳氏は、「記憶にない」とのことであった。そこで、上述した文化庁見解なるものの全文を読み上げて聞いてもらったが、「それは文化庁長官が直接言うような内容ではないなぁ」とのことであった。

そこであらためて名古屋市に確かめたところ、「上記見解は青柳長官に目をとおしてもらっているとの文化庁からの説明だった」との答えであった。

いずれにしても上記の文化庁見解なるものは、文化庁が文書で出したものではないし、河村市長がしばしば言及する「文化庁のえらいさんから天守木造化に期待している」と言われたという裏付けになるものではない。

早くも業者の選定へ

名古屋市が六年かけて調査した報告書では、天守木造化に一八年かかるとされていた。そこで河村市長は、二〇二〇年のオリンピックに間に合わせようと、設計から施工までを一体として事業者にまかせる「技術提案・交渉方式」で契約業者を決めることにした。

公共工事は、通常、設計と施工を分離し、行政が設計図書をまとめ、入札によって工事業者を決めるのが原則だ。それに対し、迅速に工事を行い、難しい技術が必要な場合に、設計から施工まで一貫して同一のゼネコンが行えるようにしたのが技術提案・交渉方式だ。二〇一四年六月に法制化され、国交省が運用のためのガイドラインを二〇一五年六月にまとめた。

もともとは土木工事のために考えられた方式だが、東京オリンピックの国立競技場の建設にも採用された。地方公共団体が行う建築工事に採用されたのは、名古屋城の天守木造復元事業が最初だ。東京オリンピックに間に合わせたい河村市長が、法改正を知って国交省中部地方整備局の幹部職員に相談し、提案されたという。

名古屋市が、技術提案・交渉方式にもとづいて業者（ゼネコン）から提案を求める公開プロポーザル（企画競争入札）に当たって示した業務要求水準では、基本方針として「昭和実測図等を基に史実に忠実に復元するもの」としながらも、セキュリティ計画、防災・避難計画、ユニバーサルデザインを考慮せよとした。使用する木材は、「原則として国産材とする」とあった。工程について、天守台石垣の北面に「孕み出し」があることはわかっており、天守木造化に先立って石垣の修復が必要かどうか調査研究が必要なはずだが、天守をまず造ってから石垣を整備することとされていた。

技術提案・交渉方式を採用する場合には、その適用の是非や技術提案の範囲・評価基準などについて有識者から意見を聞くことになっている。その意見聴取会が二〇一五年一一月二九日に非公開で開かれた。

評価委員は、大森文彦（東洋大学教授、弁護士）、小野徹郎（建築学、名古屋工業大学名誉教授、公益財団法人日本建築積算協会東海北陸支部長）、片岡靖夫（建築学、中部大学名誉教授）、川地正数《まさかず》（建築生産、川地建築設計室主宰・中部大学非常勤講師）、瀬口哲夫（近代建築史・まちづくり、名古屋市立大学名誉教授）、麓和善《ふもとかずよし》（建築史・文化財保存修理、名古屋工業大学大学院教授）、古阪秀三（建築生産、京都大学教授）、三浦正幸（日本建築史・文化財学、広島大学大学院教授）の八人（肩書きは当時）。

評価委員の名前をすべてあげたのは、その多くが選定委員になって応募したゼネコンの中から竹中工務店を優先交渉権者に選び、その後は天守木造復元の基本計画の審議などに当たる「特別史跡名古屋城跡全体整備検討会議天守閣部会」の構成員となっているからだ。

ところで、天守木造復元事業には、特別史跡である名古屋城跡の現状を変更することになり、その許可を文化庁からとる必要があるが、気になるのは、そのための手続きについて、名古屋市の担当者や評価委員が十分理解していたのかという点だ。

二〇一七年五月一〇日に開かれた全体整備検討会議天守閣部会の初会合で、麓和善構成員がつぎのように注意を促している。

すべて史跡内であれば、現状変更の許可を得ないとできない／文化庁との審議、協議が、あるいは審議会で許可が得られないと工事に着手できない／ところが、これから不確定な要素をどの段階で、どういうふうに決めていくのかというスケジュールがほとんどない。／この委員会では、どういうことを決定しておかなければならないのか／名古屋市がしっかりその辺を、文化庁と協議しながら決めていかないといけないと思います。

天守木造復元など史跡整備の計画案が文化庁に持ち込まれると、復元検討委員会で内容を審査し、問題点や疑問点があると、文化庁がそれを示す。それを受けて計画案を練り直すなどして文化庁に返し、それを再び復元検討委員会で審査する。それを繰り返し、検討しなければいけない点がなくなると、現状変更の許可の申請を正式に受け付け、文化審議会文化財部会に諮問して、現状変更の答申を得たうえで、文化庁長官が許可する手続きがとられる。

ところが、名古屋市が示した木造復元工事の工程表には、文化庁の許可を得るうえで必要なスケジュールがほとんどないというのだ。

そのほかにも、名古屋市が示した名古屋城天守木造復元に関する業務要求水準の中には、驚くべき内容が含まれていた。設計業務や建築基準法、消防法など関係法令に関わる手続きとならんで文化財保護法に関わる手続きや現状変更許可の申請に必要な学術調査等も業務にあげられていた。

文化財保護法にもとづいて特別史跡に指定された名古屋城跡の整備の一環である天守木造復元に関する手続きや学術調査は、ゼネコンまかせではなく、特別史跡の管理団体である名古屋市が行うのが当たり前だ。それにもかかわらず、文化庁との交渉をゼネコンがじかに行うのは考えられないことで、後に優先交渉権者が選ばれ、名古屋市と基本協定を結ぶ段階になって、名古屋市が行うことに変更された。

名古屋市は、名古屋城天守木造復元事業の「技術提案・交渉方式（設計交渉・施工タイプ）による公募型プロポーザル」の公募を翌二〇一六年一月六日から二月二六日まで受け付け、最終的に応募したのは竹中工務店と現コンクリート天守を施工した安藤ハザマの二社であった。

応募者のヒアリングと審査が行われ、有識者の評価委員会が、三月二七日に現天守が見渡せるＫＫＲホテルで開かれ、竹中工務店（総工費四七〇〜五〇〇億円）の応募案が選ばれた。翌日、名古屋市が優先交渉権者に竹中工務店を選ぶことを正式に決め、三月二九日に記者発表された。

尾張藩主に扮して記者会見する河村市長（2016.3.29）

記者発表に河村市長は、月代《さかやき》を剃って髷《まげ》を結った鬘《かつら》に羽織袴姿で第七代名古屋藩主徳川宗春《むねはる》に扮して臨み、名古屋城天守木造復元事業へのなみなみならぬ意欲を示した。これで設計施工ゼネコンも決まり、事業が動き出したとの高揚感がうかがえた。

ところで、優先交渉権者の審査だが、業務の実施方針、事業費工期（概算事業費、工程計画）、施設計画（バリアフリー化、防災避難計画、木材の調達、構造計画、仮設計画、復元過程の公開方法、現天守閣の記憶を後世に伝える方策）の各項目について一二〇点から三六〇点までを配点し、それぞれに評価して足し上げ、合計点が多いほうが選ばれた。木材の調達と復元過程の公開、現天守閣の記憶を後世に伝える方策は両ゼネコンとも同じ評価だったが、そのほかの項目はいずれも竹中工務店のほうが評価が高く、一三二〇点満点に対し、竹中工務店は一〇五六点、安藤ハザマは八五二点だった。

当初「防災避難計画」と「バリアフリー化」はどう構想されたか

その後問題となる「防災避難計画」と「バリアフリー化」がどのように構想されたのか見てみよう。

防災避難計画では、竹中工務店は、天守の中央に一階から四階まで耐火ガラスで囲った避難コアを設け、その中に避難階段を設けて火災の際に備える、というハード面で具体的な案であった。それに対し、安藤ハザマは、「運営管理」を中心とした防災・避難計画となっていた。「運営管理」とは、たとえば入場者数の制限などソフト面で安全対策を図ろうとするもので、評価委員からは検討不足の点があるとされた。

バリアフリー化については、竹中工務店は、四人乗りの仮設エレベーターを地階から一階と一階から四階に設けるとの案であった。それに対し、安藤ハザマは、一一人乗りのエレベーターを一階から五階に設置する案だった。

バリアフリー化に関しては公募に当たって配慮するよう技術水準書で名古屋市は求め、両ゼネコンともエレベーターを設置する案を示していた。ところが、後になって河村市長がエレベーターは〝史実に忠実〟な木造天守にふさわしくないとして設置しない方針を打ち出したことから障害者団体が人権無視だとして抗議することになる（第3章参照）。

また、木造天守の安全性をいかに確保するかは重要な課題で、竹中工務店は避難区画の設置を提案し、優先交渉権者を選ぶうえで評価を左右する要素であったが、後になって全体整備検討会議天守閣部会の審議過程で設計から削除されている。

この二つの件は、優先交渉権者選定に大きく関わる内容であっただけに、選考が終わった後で提案内容をまったく変えてしまうということは選考の公正さを損なうことにならないのであろうか。

さらに、先に述べたように、この公募プロポーザルでは、天守台石垣の保全の件は、天守木造復元が先でその後石垣の整備とされていたためか、評価項目にも入っていない。また、天守木造化は、それに先立って基礎になる天守台石垣の修復が必要かどうか調査研究が必要なはずだが、名古屋城の石垣の整備について設けられている有識者会議である「特別史跡名古屋城跡全体整備検討会議石垣部会」にいっさい諮られていない。加えて、技術提案・交渉方式による公募プロポーザルは事実上、事業のスタートともいえるが、文化庁には十分な説明をせずに行われた。

そうした点が、いずれも後になって、天守木造復元事業の足を引っ張ることになる。

採算はとれるのか？

技術提案・交渉方式の公募プロポーザルが行われている最中の二〇一五年一二月から翌一六年一月にかけて、市内の一六区全区でタウンミーティングが開かれた。しかし、公募プロポーザルの最中であり、応募業者の天守木造復元案や総工費もわからない中でのタウンミーティングであったため、市民の意見を聞くというより河村市長の一方的な説明が目立つ会合が続いた。タウンミーティング後の記者のぶら下がり取材に、河村市長は、名古屋城の天守木造復元事業に民間の資金や経営能力・技術力（ノウハウ）を活用するＰＦＩ方式（Private-Finance-Initiative の略）を検討してみたいともとれる発言をしたものの、翌日にはＰＦＩ方式は時間がかかりすぎるので採用しないと打ち消した。河村市長の発言には、思い付きの発言が目立った。

また、事業の採算性について、河村市長は、入場料を五〇〇円に据え置き、市民公募債を発行して三〇年償還の場合、税金を使わないで木造復元するには、年間三〇〇万人の入場客が必要だと初めて試算を明らかにした。しかし、一か月後の定例会見では、税金を使わずに天守閣を木造復元できる試算として、三〇年公募債利率一・五二七パーセント、入場料五〇〇円なら、建築費が四〇〇億円の場合、利子だけで一八三・二四億円かかり、入場者は四四二万一六〇〇人を二三年間続けなければいけないという試算を発表した。しかも、その数字は、管理費や補修費用はまったく見込まれていないものだった。

天守木造復元に関する入場者見込みおよび収支計画については、二〇一七年度にコンサルタントに依頼して調査が行われているが、木造復元の整備基本計画が確定していなかったため、基本計画が確定できた後にあらためて見直すことになっている。

名古屋城の入場客は一九二万人（二〇一六年）なので、三〇〇万人とか四四〇万人となると、その二倍近くになる。その根拠を問われると、江戸城で木造天守ができると五〇〇万人の入場客が想定され、名古屋城も同じくらい来ると言う学者もいると述べた。アバウトなことであった。

ところが、河村市長は、これまでは七五パーセントまでしか起債できないと聞いていたが、わしが二、三日前に直接総務省に確認したら、「観光関連事業は特別会計を別に立てれば一〇〇パーセント起債で可能」と言っていたと述べ、アバウトな見込みが白慢話に変わってしまうのだった。

もちろん名古屋城天守木造復元を支持し、熱望する意見もあった。「知り合いの外国人がいまのコンクリート製天守閣にはがっかりしていた」「名古屋城の木造化はお金の問題ではなく、文化の問題だ」「名古屋だけではなく、全国および世界中から寄付を求めたらどうか?」「三年減税やめて木造天守閣にまわしたらどうか」などなど。

また、二〇二〇年のオリンピックに間に合わせようというのは拙速、二〇二七年のリニア完成に間に合わせてはどうかとの意見もあった。

こうした天守木造復元に対する賛否とは別に、「耐震補修をしても耐用年数が四〇年というのはおかしい。残そうと思えばもっと長持ちさせられる。そもそも木造五階建ての建物は建築基準法では違法建築である。仮に復元しても中には人は入れられない。鉄筋コンクリートの改修と、木造天守の新築後の維持費などの比較をLCC(ライフサイクルコスト)として示してほしい」との専門的な指摘もあった。

名古屋市は、「旧国宝の復元建物は建築基準法に除外規定がある」としたが、LCCについてのデータはその後も示していない。

河村市長が、一〇〇パーセント起債で税金をいっさい使わず事業ができるとタウンミーティングで説明したことから、二〇一六年二月議会では、財源フレームや入場者数予測などが問題とされた。それに対し、名古屋市は、三月末には公募プロポーザルの審査も終わって優先交渉権者が決まるので、概算経費や工期もそれを待って、めどを明らかにしたいとした。

タウンミーティングに続いて二万人アンケートをすることになり、議員の間から誰とはなしに、アンケートは「二〇二〇年に木造復元をめざす」のか、それとも『耐震補強」かの二者択一ではなく、二〇二〇年にこだわらず木造復元をめざすという項目を入れたほうがいいのではとの意見が出て、結局、三択の質問とすることになった。

二万人アンケートは郵送で行われ、その結果は、二万人中、回答者は七二二四人で、「二〇二〇年までに木造復元」二一・五パーセント、「二〇二〇年にとらわれず木造復元」四〇・六パーセント、「耐震改修」二六・三パーセント、「その他」六・二パーセント、「無回答」五・四パーセントであった。

この結果は、河村市長の提唱する東京オリンピックに間に合うよう二〇二〇年に事業の竣工をめざすという案を支持した市民は二〇パーセントあまりに止まっているので、仮に「二〇二〇年までに木造復元」か「耐震改修」かの二者択一で質問していたら、回答はどうなっていたかわからない。

そうした問題を抱えていたが、名古屋市は、アンケート調査の回答の「二〇二〇年までに木造復元」二一・五パーセントと「二〇二〇年にとらわれず木造復元」四〇・六パーセントを合わせると、六〇パーセントあまりが木造復元を望んでいるとして、翌月の二〇一六年六月議会に、天守木造復元事業は特別会計を設けて進める案と基本設計費一〇億一一〇〇万円の予算案を提案した。

政治的な駆け引き材料となった天守木造復元

二〇一六年六月議会で、河村市長は、天守木造復元事業を進めるための特別会計の設置と基本設計費の予算案などを提案し、その理由を以下のように訴えた。

約六〇パーセントを超える市民の皆さんが木造復元を望まれる結果となり、一方で、約二九億円をかけて実施するコンクリートづくりである現天守閣の耐震改修工事を希望される方は約二六パーセントと、木造復元を希望される方の半分にも満たない状況でございます。／平成二五年度に実施したネットモニターアンケートで木造復元を望まれた皆さんが約一五パーセントであったことを考えれば、タウンミーティングや市民報告会などを通じて木造復元の理解が浸透したと言っても過言ではありません。

以後、名古屋市は、二万人アンケートの結果を持ち出しては、天守木造復元は六割の市民が支持しているとの説明を続けている。

議会では、二〇二〇年竣工の計画は急ぎすぎではないか、東京オリンピックにむけ建築費用が高騰するのではないかとの質問や、竣工時期を延ばしてはとの意見が相次いだ。それに対し、河村市長も、竣工時期を二〇二六、二七年に延ばすかどうか考えてみたいと発言をした。ところが、日が変わると当局は、やはり二〇二〇年竣工と予定していると答弁するなど、名古屋市当局と河村市長の間で答弁に不一致が起こることもあった。そのように紛糾した結果、竣工時期や優先交渉権者の法的位置づけの整理に時間がかかるとしているとして経済水道委員会で公明党の議員から継続審議の動議が出され、特別会計の設置と補正予算案は継続審議になった。

つぎの九月議会で、河村市長は、竣工時期は二〇二〇年七月を二年延ばして二〇二二年七月に変更したいと突然、方針転換を表明した。その理由として、入場者数や収支見込みについて第三者機関による調査検討が必要であることと、熊本地震を受けて石垣の安全性の確保についてさらなる調査が必要であることをあげた。

それに対し、自民党の議員は、議会の途中で急に河村市長が完成時期を二年延ばし竹中工務店と交渉したいと提案したことや、完成時期の延期は契約違反だとして訴訟を起こされるリスクを否定できないことを理由にあげ、継続審議の動議を出した。それが賛成多数で議決され、六月議会に続いて特別会計の設置と補正予算案は継続審議となった。

そして一一月議会では、閉会をまじかに控え河村市長は定例記者会見で、竹中工務店はすでに材木を買い出しており工期があまりに延びると総工費がかさんでくるとして、二〇二二年よりさらに延ばすのはふさわしくないとした。それに対し、記者から契約はまだ結ばれていないので、その前の段階の木材の費用などは賠償の必要はないと名古屋市はしていると問いただされた。河村市長は、「誰がいったのそれ」「優先交渉権者の設定という契約です」と答え、当局との間で不一致が起こった。

そのことが翌日の市議会の経済水道委員会で問題となり、議事が紛糾した結果、自民党の議員が継続審議の動議を出して可決され、六月、九月議会に続いて三度目の継続審議となった。

このような河村市長と市議会野党会派との対立の裏には、市議会議員の報酬を市長と同じ年間八〇〇万円に引き下げることを求める河村市長と、それに反対する市議会野党の自民、民主名古屋、公明三会派との対立がある。

市議会議員の報酬は、二〇一〇年の市議会のリコールをもとに行われた市議会議員選挙で河村市長与党の減税ナゴヤが躍進し、いったん八〇〇万円に引き下げられた。ところが、その後の選挙で減税ナゴヤは後退し、二〇一六年二月議会で自民、民主党名古屋、公明の三会派の議員提案で一四五五万円に引き上げる案を可決するなど、与野党間の対立が続いていた。これは、いったん引き上げ前の報酬に戻すが、民意を汲んでそこから一五パーセント減らすというものだった。

こうした政治状況から名古屋城の天守木造復元問題は、河村市長と自民、民主党名古屋、公明三会派との駆け引きの材料とされた。特別史跡名古屋城跡の整備のあり方や現鉄筋コンクリート天守の歴史的意味をふまえ、耐震補強か天守木造復元かの是非を顧みることは十分でなく、文化財が政治的な駆け引きの材料とされたのである。

市議会が急転直下、天守木造復元予算案を認める

翌二〇一七年の二月議会を迎え、にわかに緊張が高まってきた。天守木造復元の基本設計費など二〇一六年度の補正予算案は三度の継続審議を経ていたが、年度を越しての継続は認められないので、否決されないまでも採決されなければ補正予算案は流れてしまう。名古屋市は竹中工務店と契約を結べなくなり、天守木造復元事業は行き詰まってしまう。すでに見てきたように、河村市長は少数与党の減税日本を抱え、自民、民進党名古屋、公明が足並みをそろえ補正予算案を継続審議にしてきた。共産党も足並みをそろえている。

しかも、この議会は閉会の翌月、市長選挙を抱えており、河村市長は名古屋城天守木造復元を訴えて四選に臨むのに対し、対立候補は、河村市長の下で副市長を務めていた岩城正光《まさてる》氏が、天守木造復元は見合わせるべきとの政策を掲げ、一騎打ちの選挙戦となる見通しだった。

名古屋城天守木造復元事業は頓挫してしまうのではないか。そうして迎えた二〇一七年の二月議会だった。

ところが、この議会では、野党会派の間でもそれぞれの思惑によって駆け引きが行われ、結局、名古屋城天守木造復元事業の特別会計と補正予算は成立した。前述した報酬の引き上げと名古屋城天守木造復元の特別会計、補正予算案の可決をめぐって水面下で裏取引があったのだと盛んに噂された。

三月二二日の経済水道委員会は、二回の休憩をはさんで、夜九時頃までかかり、自民、民進党名古屋、公明の所属議員の共同提案で以下の趣旨の付帯決議を付け、補正予算案は可決された。

一、名古屋城天守閣木造復元事業を進めるにあたっては、入場者数と収支見込みに対して民間調査会社から長期の予測は不可能であるとの指摘があることから、独立採算による収支相償の財源フレームを堅持するために、入場者数目標の達成に向けてあらゆる努力をすること。
一、財源フレームの基本的な考え方は、市民の機運醸成を図り寄附金などの募集をするほか、国や県の理解を得て補助金を確保するとともに、市民税五パーセント減税の検証による見直しも含め財源を確保すること。
一、総事業費五〇五億円については、工期設定の適切な見直しを行うなど大幅な圧縮に努めるとともに、文化庁や優先交渉権者との協議調整状況ならびに仕様や工程および契約内容等について適宜議会への報告を行い、議会に諮りながら進め、あわせて市民の理解を得ながら市民とともに事業を進めること。

共産党は、反対した。反対の理由は以下のとおり。

議案には、基本設計予算だけでなく、基本協定書を結ぶことが含まれており、総事業費五〇五億円、完成期限などすべてを認めることになる。二〇二二年一二月の木造復元は市民合意もなく、市民の思いが込められた現天守閣の解体につながる。採算の見通しが立っておらず、税金の投入、市民負担につながる恐れがある、と。

河村市長四選、竹中工務店と基本協定

こうして名古屋城天守木造復元事業の特別会計の設置と基本設計費などの補正予算案が可決され、名古屋市は竹中工務店と契約を結べる条件は整った。しかし、市長選挙を目前に控えて

いたため、契約は市長選挙後に持ち越された。

市長選挙には、河村たかし氏に対して、前助役の岩城正光氏が前年の一二月に立候補を表明。名古屋城天守木造復元事業には反対し、「ストップ木造化」を掲げた。岩城氏は二〇一三年に河村市長の要請で副市長に就任したが、たびかさなる市長との意見対立により二〇一六年五月に任期途中で解任されており因縁の対決となった。争点は、市民税五パーセントの継続の是非や二期八年の河村市政の是非も問われた。

選挙は、事実上、河村市長と岩城候補の一騎打ちとなり、河村市長が四五万余票と岩城候補に一九万余票の大差をつけて四選をはたした。

なお河村市長は、一期目の最中に、市議会のリコールを呼びかけたうえ、いったん辞職し再出馬して当選しているので、四選だが三期目となる。地方自治体の首長が任期途中で辞職し、再立候補して当選しても、その任期は本来の任期までと定められている。

こうしたいきさつを経て名古屋市は、優先交渉権者の竹中工務店と名古屋城天守閣整備事業に関する基本協定書を二〇一七年五月九日に結んだ。

基本協定では、完成期限は二〇二二年一二月三一日までとする、工費は総額四六七億一〇〇〇万円（税別）を上限とする、整備事業は二〇三一年一一月三〇日までに行う（天守木造復元の工事を先にすませ、その後、石垣の整備を九年かけて行う）という内容となっている。

総事業費については、工期を二年間延長することで、事業提案より高くなるのではとの疑問が出されていたが、竹中工務店は、高くなる要因があっても経営努力で上限内に収まるよう努力すると意思表明し、基本協定となった。

そして、基本設計その他業務委託として、翌二〇一八年二月二八日までに基本設計を八億四七〇〇万円で行うとの契約が交わされた。

名古屋市と竹中工務店の基本協定締結式は、五月九日に名古屋城本丸御殿で行われた。この時も、河村市長は黒紋付姿で臨んだ。「名古屋黒紋付」は尾張藩の最高礼服で、慶長一五年（一六一〇）、尾張藩士小坂井《こざかい》家が藩内の旗や幟《のぼり》の製造に当たったことに始まり、紋型紙板締《もんかたがみいたじ》めの染の技法がいまに伝わっている。名古屋が誇る伝統工芸なのだという。

やっぱりお城の木造復元を通じまして、やっぱり本物の持つ力というのは、名古屋城って、国宝第一号だったのかという話ですわ。図面が残っとることは知らなんだという人が大変に多いですね、これ。それを強く感じまして、ぜひ今度は名古屋の郷土愛、Love for our hometown ですか、そういうのを、名古屋の宝をつくって、千年後にとにかく残していこうと。（二〇一七年五月八日、河村市長記者会見）

こうして名古屋城の天守木造復元事業はスタートした。

これまで見てきたように、この事業は、河村市長の発案に始まり、その意欲に支えられてようやくスタート台についた。ところが、この事業、後述するように多くの課題を抱えているのだが、いったん議会で特別会計と補正予算を認めたため、その後は一部の熱心な議員を除いて、多くの議員の間では既定の事業だとして真剣に問題点を探ることがないまま推移していくのが実情だ。

2. 名古屋城跡の「本質的価値」はどこにある？

天守木造復元を担った天守閣部会

こうして名古屋城天守木造復元事業は、二〇一七年五月九日、名古屋市が竹中工務店と基本協定および基本設計等の契約を結びスタートした。二〇二二年末までに木造天守を完成させ、その後、天守台石垣の積み直しを九年かけて行うというものであった。

この基本協定が結ばれた翌五月一〇日、特別史跡名古屋城跡全体整備検討会議天守閣部会（以下、天守閣部会と略）の初会合が開かれた。

天守閣部会は、技術提案・交渉方式による公募プロポーザルに応募したゼネコンの中から優先交渉権者を選定した評価委員会をそのまま引き継いで設置されたといえる。先にふれたように、そのメンバーはほとんど同じだからだ。念のために天守閣部会の構成員をあげると以下のとおりだ（肩書は当時）。

小野徹郎（名古屋工業大学名誉教授）、片岡靖夫（中部大学名誉教授）、川地正数（川地建築設計室主宰）、瀬口哲夫（名古屋市立大学名誉教授）、西形達明（地盤工学、関西大学名誉教授）、麓和善（名古屋工業大学大学院教授）、古阪秀三（立命館大学客員教授）、三浦正幸（広島大学大学院教授）の八人。このうち西形達明氏だけは新たに天守閣部会のメンバーに選ばれている。

天守閣部会の座長は瀬口哲夫氏が互選され、副座長は瀬口座長が小野徹郎氏を指名した。

この日の会合では、どの時代の天守を復元するかの設定と工程表が決められた。工程表では、基本協定に定められた二〇二二年末までに完成をめざして、検討を進めていくことが確認された。

木造復元天守は「宝暦の大修理後」が基準

史跡や歴史的建造物の復元に当たっては、どの時代に合わせて復元するかが大きな課題となる。というのも、慶長一七年（一六一二）に創建された名古屋城は、四〇〇年あまりの歴史の中で建物の修理や増改築など変遷を経てきており、復元時代を統一的に設定しないと同時存在しなかった建物や庭園などが復元され、全体として歴史上実在しなかった史跡の復元となるからだ。

名古屋城天守については、公募プロポーザルの条件として「宝暦の大修理後」と時代設定がされており、この日の天守閣部会はそうすることをあらためて確認した。

名古屋城は、プロローグでふれたが、築造後一四〇年ほどたった寛延三年（一七五〇）頃に大天守の石垣が孕み、大天守が堀側に大きく傾くありさまで、宝暦二年（一七五二）から四年かけて大修理が行われた。「宝暦の大修理」と呼ばれる。五層五階の天守の一、二階部分を解体して、天守台石垣の西側、北側を解体し積み直すという大工事だ。

尾張藩の呉服御用をつとめた、百貨店松坂屋のオーナー家である伊藤家に伝わる図面によると、天守本体を巨大な轆轤と太い縄で本丸側に引き寄せ、テコの原理を応用した装置で徐々に上げ起こすという方法がとられた。天守閣部会の麓氏は、「日本最大の天守を全解体することなくその下の石垣を積み直すという奇想天外・空前絶後の大工事が行われたのである」と評している（「築城から名古屋離宮まで」『名古屋城再建』樹林舎）。この工事に合わせて、それまでは最上層のみ銅板葺きで、その下は本瓦葺きであったが、本瓦は重いので最下層のみ本瓦葺きにし、その上は銅板葺きに変更された。

そこで、本丸御殿を見ると、戦災焼失前の本丸御殿は、桟瓦葺《さんがわらぶ》き（一部銅瓦葺き）だった

慶長の創建時の柿葺きに復元された本丸御殿と宝暦の大修理後の姿の現鉄筋コンクリート天守

が、創建当初は柿葺《こけらぶ》き（台所など火を使う場所は瓦葺き）で、二〇一八年に復元した本丸御殿は創建当初の柿葺きに再現されている。

現在、名古屋城を訪れると、本丸御殿の屋根越しに現鉄筋コンクリート天守の上層が望める。名古屋城の中でもとりわけ美しい景観なので、名古屋城を訪れた際には、ぜひ確かめていただきたい。

天守の屋根は銅板葺きの緑色であり、一方、手前の本丸御殿の屋根は柿葺きの茶色である。本丸御殿は慶長二〇年（一六一五）の創建時に復元されているが、天守は宝暦の大修理後に復元されているので、その時代には本丸御殿の屋根は瓦葺きの黒色に変わっていた。したがって、天守の緑色の屋根と本丸御殿の茶色の屋根が同時に見られる景観は、歴史上存在したことはなかったわけだ。

そうした矛盾が起こらないよう、本来であれば統一的な復元時代を設定するよう検討が望まれる。もっとも名古屋城の場合、宝暦の大修理以前の天守に関しては資料が十分でないので、〝史実に忠実〟に復元するとなると、宝暦の大修理後に合わせざるをえない、と天守閣部会ではされた。

天守木造復元案は特別史跡の「本質的価値」を毀損する？

天守閣部会の初会合から二日後の五月一二日、「特別史跡名古屋城跡全体整備検討会議石垣部会」（以下、石垣部会と略）が開かれた。

名古屋城の石垣は一九七〇年から修復が続けられており、二〇〇二年から始まった本丸搦手馬出石垣の修復事業がいまも続いている。

もともと石垣部会は、二〇〇二年に本丸搦手馬出石垣の修復を議論する「石垣検討委員会」として始まり、二〇〇五年に設置された特別史跡名古屋城跡全体整備計画検討委員会と並んで存在していた。その後二〇〇六年に全体整備計画検討委員会が全体整備検討委員会に改組したのにともない、二〇〇七年に同検討委員会の下に「石垣部会」として組み込まれた。したがって、天守閣部会は先にふれたのが初会合だが、石垣部会はこの日が第二一回目の会議だった。

石垣部会の構成員は、座長が西田一彦（地盤工学、関西大学名誉教授）、副座長が北垣聰一

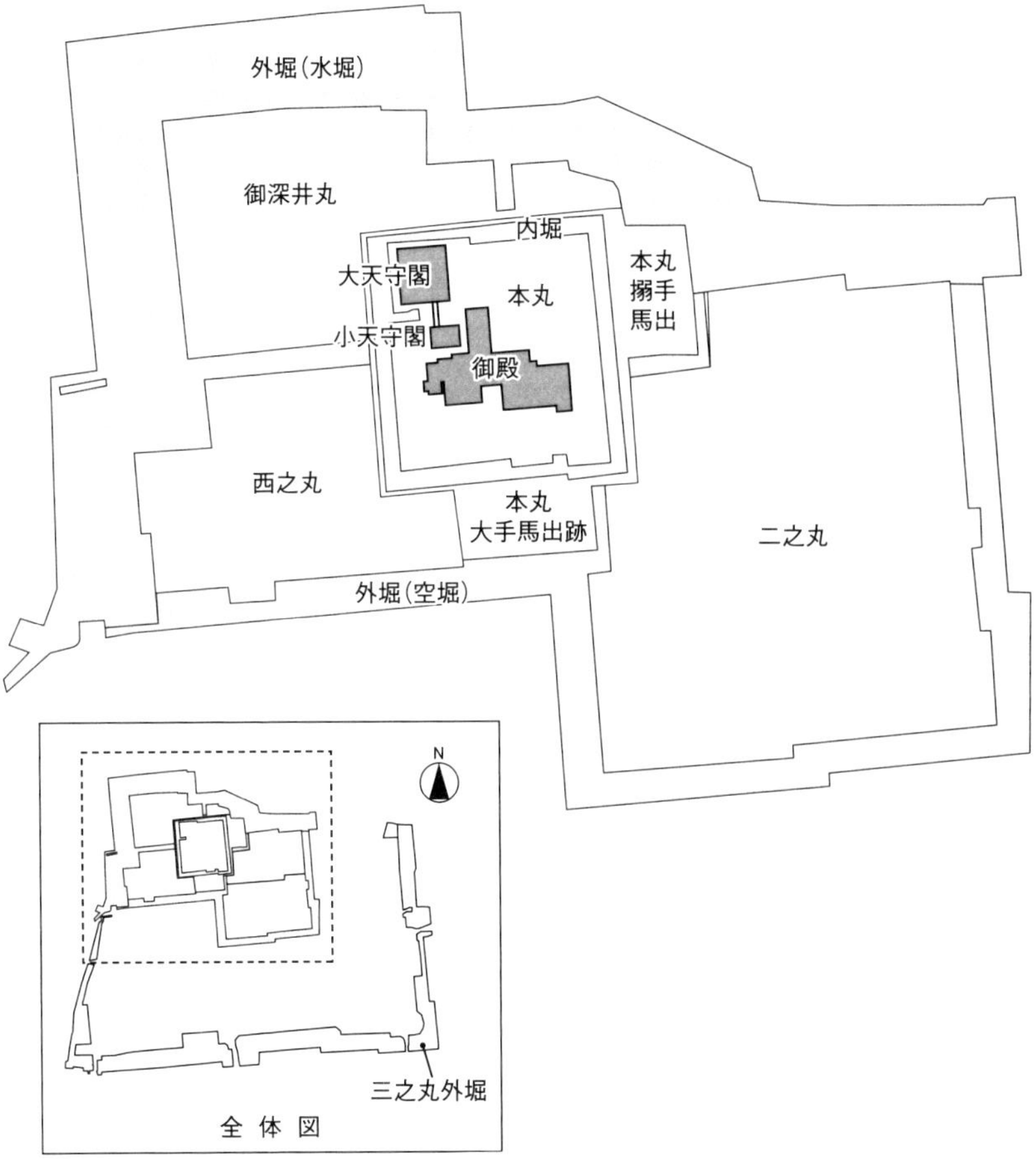
外堀（水堀）
御深井丸
内堀
大天守閣
本丸
本丸
搦手
馬出
小天守閣
御殿
西之丸
本丸
大手馬出跡
二之丸
外堀（空堀）
N
三之丸外堀
全 体 図

図１　名古屋城の概略図

郎（石垣技術史、石川県金沢城調査研究所名誉所長）、赤羽一郎（考古学、愛知淑徳大学非常勤講師）、千田嘉博《せんだよしひろ》（城郭考古学、奈良大学教授）、宮武正登《みやたけまさと》（考古学、佐賀大学教授）の五人（肩書は当時）。

この日の会議の議題は、「石垣カルテ」の作成と天守台石垣の調査の二つだった。

石垣カルテとは、城跡の石垣に関する情報を網羅的に蓄積した資料のことで、石垣の一面ごとに①石垣の様式、②石材、③破損・変形の状況などを把握して、崩落の可能性や来訪者の利用形態等から危険度を相対的に評価し、復旧（修理）の緊急度や優先度を決めていく。相次ぐ地震など災害が多発するようになり、石垣カルテの整備は全国的に城跡整備の緊急の課題となっていた。

名古屋城では、本丸搦手馬出石垣を除くと、地震や台風被害などで崩れた石垣を、そのつど修復してきたのが実情で、総合的に復旧を取り組むために石垣カルテの整備が望まれていたのである。

ところが、名古屋市は、石垣カルテの整備のための調査と並行して、天守木造復元のために天守台石垣とその周辺の石垣の調査を別立てで行うとしていた。そのため、この日の石垣部会には、名古屋市側から、天守台周辺だけでなく二之丸、三之丸にかけて三〇六面ある石垣を二年間で調査し、石垣カルテを作成するとの計画が諮られた。

特別史跡の本質的価値をなす天守台

それに対し、部会の構成員からは性急すぎると異論が相次いだ。「名古屋城できちんと石垣カルテをつくれば全国の見本になるような基礎資料になる。それを二年ですませるのは到底無理」「二年では中途半端にしかできない。三〇六面もあるのだから、どう考えても六年は必要だ」との指摘だ。また、名古屋市が計画外としていた、近代になって手が加わり、コンクリートに石を貼り付けた石垣も網羅的に調査してつくるのが石垣カルテだという意見も出た。

オブザーバーとして出席していた文化庁記念物課の中井將胤《まさつぐ》文化財調査官（当時）も、文化庁としては保護と活用をともに重視している。時間にはこだわらない。もうこれで終わったというようにならないよう大きいスパンで計画を立ててもらいたいと念を押した。

そして、天守木造復元事業に関わる天守台石垣の調査についての審議が始まった。

天守台石垣の調査について、宮武構成員が、木造天守復元に当たっては、史跡価値の中枢となる石垣保全を最優先とした計画を立案する。石垣保全対策をふまえた天守構造形式の立案を検討する（ことが原則だ）、としたうえで、現天守解体にあわせて行う石垣調査とは何か、と説明を求めた。それに対し、事務局は、取り壊していくと石垣と天守の「取り合い」の部分（接続部）が出てくる。取り壊した後に、石垣の内部のある一定のところが見えてくる。そういったところの調査（石垣調査、地層内部、取り外し調査）ですと答え、石垣の一部を取り外して工事することも必要になってくると示唆した。

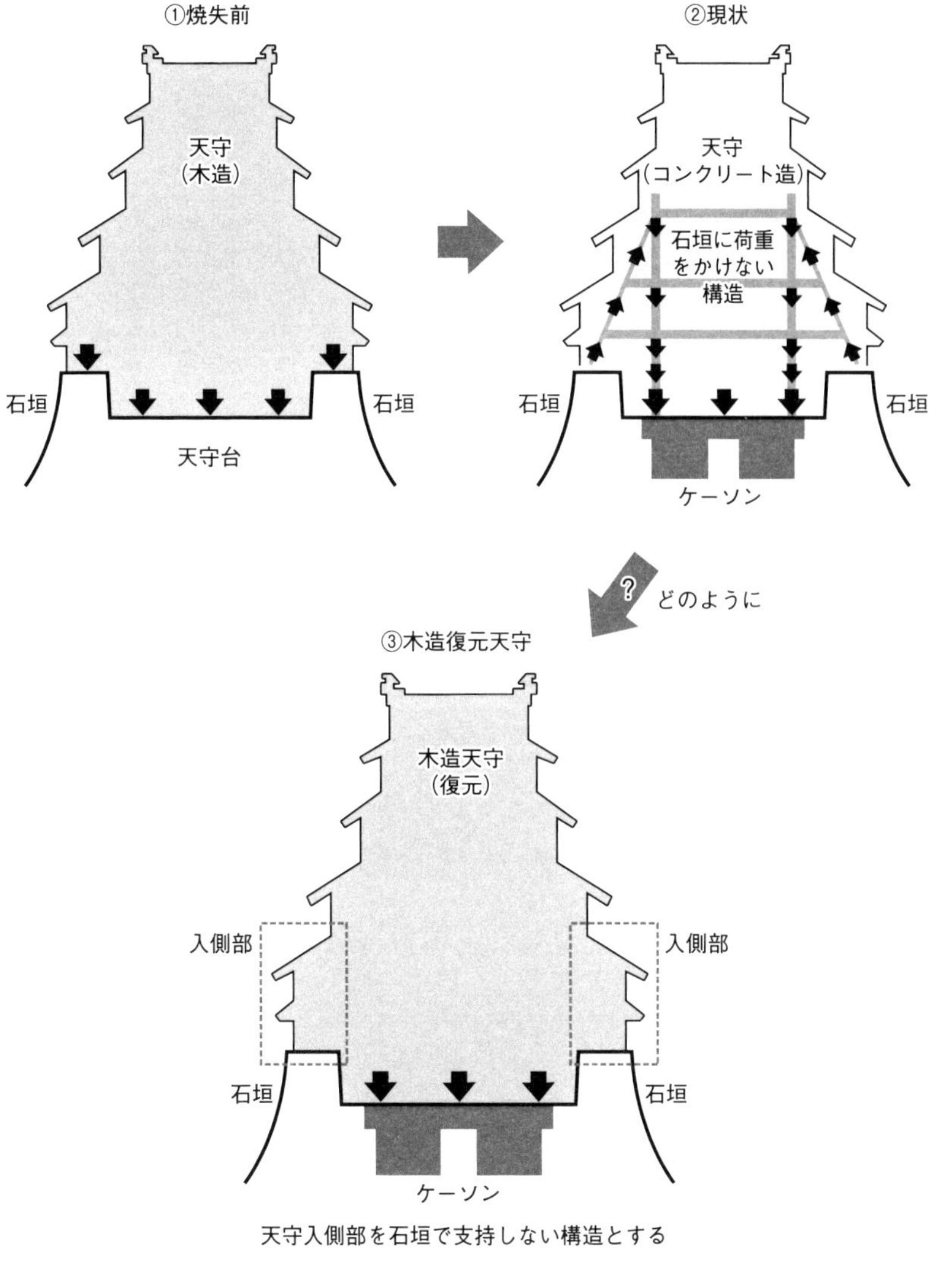

図２　天守の荷重をどのように支えるか

このやりとりを理解するには、天守台石垣と天守との関係について説明がいる。本来、木造天守は天守台石垣の上の礎石に建てられ、その荷重は石垣にかかる。ところが、現鉄筋コンクリート天守を復元した時は、木造天守にくらべ非常に重いので、石垣に荷重をかけない吊り構造を採用している。天守台石垣の内部に巨大なコンクリート製の角柱である「ケーソン」を四本を据えつけ、その上にマットスラブ（鉄筋コンクリート製の床）を設け、その上に鉄筋コンクリート製の天守が建っている。したがって、現鉄筋コンクリート天守の荷重は、天守台石垣ではなく、ケーソンが支えているのである〈図2〉。

国宝に指定されていた名古屋城天守が太平洋戦争の際の米軍の空襲で焼失し、戦後に残された天守台石垣はいったん修理された。そして、一九五九年に鉄筋コンクリートで天守が再建された際、天守台石垣は再び手が加えられた。

名古屋城には「穴蔵」と呼ばれる地階があり、穴蔵部分を復元する際に、天守台石垣の外側と穴蔵内部の石垣（穴蔵石垣）をいったん取り外して、積み直している。この工事に当たって、もともとあった穴蔵石垣がいったんはすべて外したうえで積み直したのか、それとも下部や根石は取り外さずにオリジナルな石垣が残っているのかが問われているのである。

宮武構成員は、「木造天守に差し替えるから、その必要性で既存の石垣をいじらなければいけないというのは矛盾している。最初からいじる可能性のあるというスタンスの計画では、問

旧天守の地階（穴蔵）入口内側の写真。穴蔵石垣に囲われていることがわかる

題になる」と指摘した。

千田構成員は、全国の史跡整備、工事の中で、本物の国の特別史跡としての価値が認められている石垣を毀損することを前提とした復元、整備はまったく認められていない。工程表として成り立っていない。調査をふまえて石垣部会、天守の部会、親委員会に諮り、最終的に決定したうえでつぎのステップに進むという順序をとらなければならない。基本的なスタンスが名古屋城総合事務所、名古屋市にまったく欠けています、と厳しく名古屋市の姿勢をただした。

北垣副座長も、資料もないまま、(手が加えられている)現況のままで進めるのは許せないと問題点を指摘した。

名古屋城天守は、日本の近世城郭の到達点であり、しかも、城の郭《くるわ》の出入口(虎口《こぐち》)に防御のために設ける桝形《ますがた》と呼ばれる空間を穴蔵の入口に設けている。この入口の巨大な桝形状の虎口空間は現天守復元時に取り払われており、それを学術的に検証して復元するメニューが入っていない、と宮武構成員は意見を述べた。

中井文化財調査官も、石垣調査は石垣保全のための調査であり、そのついでに天守木造化のための調査というのは認められない、とした。

本物として残っているのは石垣

つぎの石垣部会は同年八月九日に開かれた。冒頭、事務局が河村市長のコメントを読み上げ、石垣部会の指摘を認めた。

名古屋城天守閣木造復元に関して、参議院文教科学委員会において、現状変更許可にあたっては、現在の石垣の劣化状況等に関する現況調査を実施すること。現在の天守の解体・除去工事が文化財である石垣に影響を与えない工法であり、その保存が確実に図られること。木造天守の忠実な復元がなされるような具体的な計画内容であること。木造復元にかかる工事が文化財である石垣に影響を与えない工法であり、その保存が確実に図られること。などが必要であると発言がありました。

私といたしましては、特別史跡である石垣をしっかりと保全していくことも重要であると認識していますので、石垣部会の構成員の皆様方のご意見を伺いながら、文化庁が指摘しているような石垣の保全について対応していきたいと考えています。どうぞよろしくご審議をいただきますようお願いいいたします。

河村市長がこのコメントを出すにいたったのには、水面下で文化庁の指摘があった。名古屋市が天守台の石垣の発掘調査のための現状変更の申請を七月四日にしようとしたが、文化庁は申請を受け付けず、つぎのような厳しい指摘、助言をした。

特別史跡名古屋城跡の本質的価値、つまり本物として残っているのは石垣で、その保全が必要。天守台の石垣だけでなく史跡内の石垣全体に関し保全を図るための対策が必要だ。そのためには調査研究、発掘調査も必要になるが、名古屋市の体制では全く不十分。体制整備が必要ではないか。

こうして始まった八月九日の石垣部会。座長の西田氏は欠席し、北垣副座長が座長を代行した。

北垣座長代行は、前述した河村市長のコメントを受けて、「天守木造化の可否ということについては、石垣部会としては意見を言う立場にないと思います。石垣部会としては、このことについては議論をしない。そして文化財としての石垣を、特別史跡としての本質的価値を持つものとして、適切な調査・保全・修理を行うという市長さんの考えを我々石垣部会も同様に考えています。／これから検討を進めていきたい」と述べた。

石垣部会としては、天守木造復元か現天守の存続かにかかわらず、石垣の保全に必要な検討を進めていくことをあらためて確認したのである。

続いて天守台石垣について、それまでにすませていた史実調査と測量調査を事務局側が報告しようとしたが、事実上その調査は竹中工務店が担当したものであったことから、特別史跡の石垣の調査を専門の学芸員が行うのではなく、ゼネコンまかせにしているのではないかと構成員から批判が相次いだ。

中井文化庁文化財調査官は、基本的には管理団体になっている名古屋市が、主導権を持っていないといけない。基準はないが、市で調査研究をコントロールできる適正な人数を配置してくださいということを、文化庁としてはお願いしている。(それをふまえて)どこまでを委託するかを検討してほしい。また、発掘調査部会をつくっているところもある、と助言した。

石垣調査の重要性が増す中、同年九月一二日の石垣部会で西田一彦座長は年齢を理由に構成員を退任し、北垣聰一郎氏が新座長に互選された。

特別史跡名古屋城跡の「本質的価値」

あらためて特別史跡名古屋城跡の「本質的価値」とは、何だろうか。

文化庁は、特別史跡のみならず史跡の「本質的価値」を、将来に伝えていくべき価値として保存活用計画や整備基本計画の中で把握されていなければいけないとする。

そこで、名古屋市がまとめた「特別史跡名古屋城跡保存活用計画」(二〇一八年策定)で特別史跡名古屋城跡の本質的価値を見てみよう。

まず、一九三二年(昭和七)に名古屋城跡が史蹟に指定されたときの指定説明文は、つぎのようになっている。

もと柳丸城と称せし廃城の地にあり慶長十五年徳川氏の築城にかかり前田毛利黒田以下諸大名にして役を助けしめしがその天守閣は実に加藤清正の経営に成り五層楼の上有名なる黄金の鯱を置けり本丸は最近まで離宮たりしによりその保存最も完全なるが二丸三丸等は陸軍用地として兵営練兵場その他に使用せられ今僅に東御門及旧奥御殿庭園の一部及び銃眼を有せる土塀等を存するに過ぎずといへとも猶城門趾城濠等旧規見るべきもの少からず。

(カタカナは、ひらがなにあらためた)

ここでは「黄金の鯱」を置いた五層楼の天守や本丸など名古屋城の素晴らしさを指摘し、二之丸や三之丸は近代になってずいぶん変わってしまったが、城門や濠にまだ見るべきものがあるとしている。
つぎに、一九五二年の特別史跡に指定された時の名古屋城跡の指定説明文は、つぎのようになっている。

尾張を領した徳川義利《よしとし》（のち義直）の居城として、家康は自ら選んでこれを今川氏の古城柳丸城の地に定め、諸奉行諸大名に命じて、この造営に当たらせた。／今次の戦災によって大小天守閣を始めとして御殿櫓、門等多く失われたがなお厄が免れた建物が占綴して往時の美観を偲《しの》ばしめるものがあり整然とした郭の巧な配置は加藤清正の築いた壮大な大小天守台、枡形、馬出、塁濠堅牢な石垣と相まってよく旧規を伝え、近世城郭の代表的なものの一つとして学術上の価値が極めて高い。

ここでは、空襲によって主要な建造物が失われたが、残る建物もあり、整然とした郭の配置は大小天守台、枡形、馬出、塁濠、堅牢な石垣と調和して、代表的な近世城郭として学術的価値が高いと評価している。
名古屋市は、この一九三二年および一九五二年の指定説明文から、本質的価値を以下二つに整理している。

・公儀《こうぎ》普請によって築城された城郭

名古屋城は慶長一五年（一六一〇）公儀普請（天下普請）により諸大名二〇名を動員して築造されている。当時の「丁場割図《ちょうばわりず》」から各大名の丁場（受け持ち区域―著者）が確認でき、堀の掘削、盛り土、石積みなどの普請が割り当てられたと考えられる。

・現存遺構から往時の縄張《なわばり》や近世城郭の完成期の姿を知ることができる城跡

昭和二〇年（一九四五）の空襲により、天守や本丸御殿など本丸の主要な建物が失われたが、被害を免れた隅櫓、門は現存しており、現在も往時の景観を見ることができる。

さらに、本丸大手馬出の堀など一部改変されながらも往時の整然とした姿を残す巧みな縄張は、天守台、枡形、馬出、土塁、堀、石垣と相まって、城郭史上における近世城郭完成期の姿を現在に伝えている。

そして、特別史跡指定後の発掘調査や史資料の増加など調査研究の進展や新たな価値評価の視点をふまえて、現在、本質的価値を以下のようにまとめている。

・御三家筆頭の尾張徳川家の居城であった城跡

名古屋城は、大坂に豊臣方が残っているという社会情勢の中で、後に御三家の筆頭格となる尾張徳川家の居城として（徳川家康の九男義直の居城として）、徳川家康の命により公儀普請で慶長一五年（一六一〇）から築造された城郭である。名古屋城の築かれた地には中世に那古野城が位置したが、那古野城の縄張を踏襲するのではなく、名古屋城は近世城郭完成期の築城技術を用いて新たに築かれた家康の意志が強く反映された城郭であった。

・現存する遺構や詳細な史資料により、築城期からの変遷をたどることができる城跡

名古屋城には各時代の史資料が豊富に残されている。現在遺構からは縄張等を知ることができるとともに、往時の景観についてもうかがうことができる。また、近世から現代まで各管理者により保存・記録がなされ、各時代の豊富な史資料からは往時の姿や改修・改変についても詳細に知ることができる城跡である。

・現在の名古屋へと続く都市形成のきっかけとなった城跡

名古屋城とその城下町は、家康の意向を反映し、近世初期に新たな都市計画のもとに築かれた。この都市プランは現代まで続く名古屋の骨格であり、名古屋城は名古屋の都市形成のきっかけとなった城跡である。

以上のような本質的価値をふまえ、特別史跡名古屋城跡を形成している構成要素が、「特別史跡名古屋城跡保存活用計画」の中で、以下四つに分類されている。

（Ⅰ）本質的価値を構成する諸要素
（Ⅱ）本質的価値の理解を促進させる諸要素
（Ⅲ）歴史的経緯を示す諸要素
（Ⅳ）その他の諸要素

この分類に当てはめると、天守台石垣など石垣は「（Ⅰ）本質的価値を構成する諸要素」となり、現鉄筋コンクリート天守は、外観復元建造物として「（Ⅱ）本質的価値の理解を促進させる諸要素」に位置づけられるのだ。

名古屋市が復元をめざしている木造天守は、仮にできたとすると「（Ⅱ）本質的価値の理解を促進させる諸要素」であり、「（Ⅰ）本質的価値を構成する諸要素」にはならない。

河村市長がことあるごとに述べるように、名古屋城天守を木造で復元すれば〝本物〟となることはないのである。一〇〇年後、二〇〇年後に国宝とはなるかどうかは、その時点で復元木造天守がどのような歴史的評価を受けているかによって決まることだろう。

また、天守台石垣などの石垣は「(Ⅰ)本質的価値を構成する諸要素」と述べたが、それは「近世に形成された諸要素」としての石垣であり、「近代に形成された諸要素」としての石垣、つまり明治期以降陸軍が修理した石垣等は「(Ⅲ)歴史的経緯を示す諸要素」となる。

このように見てくると、石垣部会で「(Ⅱ)本質的価値の理解を促進させる諸要素」としての木造天守をつくるために、「(Ⅰ)本質的価値を構成する諸要素」である石垣を壊すことはいっさい認めることはできないとの意見がなぜ出されるか、わかっていただけるのではないだろうか。

石垣の本質的価値

さて、江戸時代以来伝わってきている石垣は「(Ⅰ)本質的価値を構成する諸要素」であるが、近世城郭を構成する要素としての石垣の「本質的価値」とは何だろうか?

以下、『石垣整備のてびき』(文化庁文化財部記念物課監修)によりながら、石垣の本質的価値について見てみよう。

近世城郭の嚆矢《こうし》は、天正四年(一五七六)、織田信長が琵琶湖に面した安土山に築いた安土城とされる。安土城の天主は地上六階建ての世界初の木造の高層建築物で、宣教師ルイス・フロイスが「ヨーロッパにもあるとは思えないほどの壮大さ」と讃えた。高さ約四六メートルで、石垣の高さが約一四メートルもあり、高石垣は日本の近世城郭の重要な構成要素であった。

本格的な石垣を備えた信長・秀吉・家康流の城づくり「織豊系城郭」は、戦国期から近世初頭にかけて体系的な工事知識と技能をもとに日本列島に広まっていった。その全国展開に大きな役割をはたしたのが、豊臣秀吉による肥前名護屋城《ひぜんなごやじょう》（佐賀県唐津市）の築造だ（第Ⅱ部17参照）。

関ヶ原の戦いの頃、各地の大名によって盛んに城づくりが進められるが、大坂冬の陣・夏の陣で豊臣家を滅ぼすと、時を置かずに二代将軍徳川秀忠は一国一城の令を発し、諸大名に対し居城以外のすべての城の破却を命じ、以後、ほとんど新たな城は築かれなくなる。

安土城の築城開始からわずか四〇年足らずであり、近世城郭における石垣築造の技術は四〇年足らずで急速に発達した。

使われる石材は、自然石のままの「野面石《のづらいし》」、任意に割った「割石《わりいし》」、切って整形した「切石《きりいし》」と変容し、積み方は、野面石を積み上げた「野面積《のづらづ》み」、縦・横を一定にそろえた石によって水平方向の目地を通す「布積《ぬのづ》み」、大小不ぞろいな石を組み合わせて積んだ「乱積《らんづ》み」があり、それぞれの石材と積み方が組み合わされるので多様になる。

表面に見えているのを築石《つきいし》と呼び、基礎部分に根石《ねいし》を据えて築石を積み上げるが、築石の背後に裏込《うらご》め石（栗石《ぐりいし》・砂利層）を積み上げ、その背後に基盤層がある三層構造になっている。
二つの石垣が接する隅角《ぐうかく》部は、角石《すみいし》とそれを支える角脇石《すみわきいし》からなり、勾配や稜線を形成する。出角《でずみ》の隅角部には、直方体の長辺部と短辺部を交互に組み合わせて積む「算木積《さんぎづ》み」が、文禄・慶長期から徐々に発展し、元和年間から寛政年間に完成する。算木積みは、高石垣の総重量を支えるための工夫であるが、それとともに石垣上部の勾配に反りが発達する（北垣聰一郎『石垣普請』法政大学出版局）。

そのような歴史的展開をとげた近世城郭の石垣の本質的価値の構成要素は、「歴史の証拠」と「安定した構造体」である。

城の石垣の多くは、その時代の政治的背景の下に築造されてきたいきさつがあり、築造の過程を表す痕跡および築造に関わる技術・伝統は有形・無形の価値をもっている。織豊政権期の城跡の石垣は地方の勢力が全国政権へと組み込まれていく過程を示すもの、近世の城跡の石垣は封建領主がみずからの政治権力と威信を示すうえで美しさも兼ね備えた空間装置としての機能をもつ。つまり、時代によって石垣に対する社会的要請が変化するとともに、築造技術も進化・発展した。

そうした石垣の「歴史の証拠」は、地上に表れている部分だけでなく、その地下または背後に埋蔵されているさまざまな遺構・遺物とも密接に関係している。

そうした「歴史の証拠」としての価値とともに、石を利用した土木構造物として「安定した構造体」としての価値も重要である。

石垣の構造で見てきたように、個々の築石を基本的に接合したり充填せずに空積《からづ》みし、圧力を適切かつ調和的に分散する構造となっている。そして、背面に裏込め（栗石・砂利層）を設けることにより余計な土圧・水圧を生むことなく、速やかに雨水を処理する構造をもつ。

以上のように、城郭の石垣は「歴史の証拠」および「安定した構造体」としての性質をもち、その二つが、近世城郭の石垣の復旧（修理）に当たって、将来に引き継いでいくべき「本質的価値」である。

このように近世城郭の重要な構成要素である石垣だが、明治維新後のいわゆる廃城令によって払い下げられたり、軍隊に委ねられたりして、破壊されたり改変されたりしたものも多い。また、地震などの災害で崩落する例もあり、復旧に当たって文化財の取り扱いを受けてこなかった時代もあった。また、失われた天守を復元するに当たって残されていたオリジナルな石垣を積み替えてしまうなど、「本質的価値の理解を促進させる要素」をつくるために、「本質的価値を構成する要素」を壊してしまった例もある。

石垣の本質的価値が認められ、文化財として正当な扱いを受けるようになったのは、歴史的建造物にくらべるとはるかに遅れたのである。しかし、今日では、建造物も、石垣も、同じように文化財として尊重されなければいけない。

新たな保存活用計画が必要になったが

天守木造復元の検討が始まった名古屋城の場合、「特別史跡名古屋城跡全体整備計画」は、本丸御殿が二〇〇九年に着工されたのにともなって作成されたもので、二〇一二年にその「増補版」に改定し、現鉄筋コンクリート天守は耐震補強し、博物館機能を強化すると定めていた。

そこで、天守木造復元に当たって名古屋市は、「特別史跡名古屋城跡全体整備計画　増補版」をあらためて、天守木造化を書き込んだ「特別史跡名古屋城跡保存活用計画」をつくる必要に迫られた。新たな計画は、全体整備検討会議内に「保存活用計画検討会」を設け、二〇一五年から三か年計画で検討し、二〇一七年度に策定の予定だった。

名古屋市は、二〇一七年一一月六日に全体整備検討会議（第二五回）を開き、「天守木造復元を整備方針とし検討を進める」との内容を盛り込んだ「保存活用計画（案）」を諮った。

小濵芳朗構成員（名古屋市立大学名誉教授）は、鉄筋コンクリートはいったん中性化したものを元には戻せないし腐食した鉄筋、鉄骨を取り換えることはできないのに対し、木造の場合には解体修理で傷んだ部材の取り換えがきくので、耐久性という意味では木造と鉄筋コンクリートは違うと木造復元を支持した。コンクリートは本来、強アルカリ性だが、雨水や空気中の炭酸ガスの影響で徐々に中性化し、強度の低下や鉄筋を錆びやすくさせ劣化が進むのである。同じく天守閣部会の三浦構成員も、木造復元を支持し、木造化でも耐震化でも上物を支えるケーソンの強度が重要だ。文化庁に早く要請してケーソンの下の地盤調査をする必要がある、と訴えた。

それに対し、石垣部会の赤羽構成員は、木造復元という結論ありきだ。木造の課題についてバリアフリーをどうするのかや防火対策などについてまったく書かれていない。耐震改修については、現天守のメンテナンスがされていなかったため問題が噴出しているだけだ、と猛反発した。

このように天守木造復元を書き込んだ新たな「保存活用計画（案）」に石垣部会から異論が唱えられていたが、名古屋市は、新たな「保存活用計画（案）」を一二月市議会の委員会で審議、翌二〇一八年一月から二月にかけてパブリックコメントを募り、同年三月中に策定するとした。

二〇一八年一月三〇日に開かれた石垣部会に、新たな「保存活用計画（案）」が正式な議題ではなく報告との位置づけで示されたが、石垣関係の主要部分を抜粋しただけの内容だった。

宮武構成員は、庭園にせよ、建造物にせよ、石垣にせよ、どの時代の形を目標にして保存・

回復していくか、統一性がとれた指標が示されていないなど、内容がたいへん矛盾している。こんな矛盾した保存活用計画（案）が採用されると、これに縛られてしまい、大矛盾による混乱が起きて石垣修理は間違いなく頓挫する。今回、「石垣部会に保存活用計画（案）を報告した」との実績づくり使われるのを恐れる。石垣部会としては「保存活用計画（案）」を認めない。一年ほど練ってほしい、と強く述べた。

これに対し、名古屋市は、「保存活用計画（案）」について議論が尽くされていないことを認め、石垣等について保全方針を別途つくるという方針を示した。

千田構成員も、名古屋市が、公式の会議で「議論が尽くされていない」と認めてしまった。残り二か月では無理。ひどい内容でどうにもならない。これでは文化庁から「保存活用計画としては不備」としてやり直しを命じられる、とした。

それに対し、名古屋城跡の調査や保存整備、管理を担当する市の名古屋城総合事務所の西野輝一所長は、「『石垣部会としては認めない』ということを受け止めさせていただく。進め方は本日の意見をふまえて一度考える」とその場を取り繕った。

三月二八日、天守閣部会（第九回）。天守閣部会の構成員には工学系の専門家が多いため、「保存活用計画（案）」に記載された石垣の保全・安全策の基礎となる「石垣カルテ」に関して疑問が出された。「工学的な構造物の安全性と石垣が壊れないという安定性は、概念が異なる。

一緒にして安全性といってもわかりにくい」とか、「石垣と天守台の力学的カップリングの問題。相互影響するのか、コンピューターシュミレーションで分析できるのか、わかってきたら紹介していただきたい」などの疑問が出された。天守閣部会の構成員だが、地盤工学が専門で石垣調査にも携わっている西形構成員が、「工学的な安定性の問題ではなく、万が一のことがあった時にどのように対応するのかなど判断する基礎資料」と説明したが、話はかみ合っていない感じだった。

しかし、「保存活用計画（案）」に関しては特に異論はなく、天守閣部会は終わった。

三月三〇日、全体整備検討会議。石垣部会でも構成員になっている赤羽構成員も、石垣部会としては「保存活用計画（案）」を認めないとしていたので、この日の全体整備検討会議では、特に意見は述べず、会議は終了した。

石垣部会で異論があったことから今後の進め方は考えるとしていた名古屋市だが、全体整備検討会議で特に異論も出ず終わったことを受けて、翌三一日、「保存活用計画」を策定したものとして文化庁に提出した。

ちなみに、この「保存活用計画（案）」に関してパブリックコメントの公募が一月一六日から二月一五日まで行われた。その結果は、天守木造復元に否定的な意見が一四〇件に対し、肯定的な意見は九件にとどまった。

こうして名古屋市が策定したとする「特別史跡名古屋城跡保存活用計画」は、石垣部会として認めないとしていたことからもわかるように、正式に策定されたものと言えるのだろうか。石垣部会には議題として正式に検討を依頼していないし、十分な検討を経た内容になっていないのではとの疑念が拭い去れない。

文化庁の見解を担当の主任文化財調査官に聞いてみたことがある。答えは、保存活用計画には、天守閣は木造復元とし検討するとなっている。「検討する」で、「決めた」とはなっていないので受け入れたとのことであった。

すれ違う石垣部会と天守閣部会

二〇二二年末までの木造天守の竣工をめざす名古屋市にとって、文化庁長官による特別史跡名古屋城跡の現状変更の許可が必要だ。そのためには、天守木造復元の基本計画を文化庁に提出し、文化庁内の復元検討委員会の審議を経て、正式な現状変更の許可申請を行うことが必要だ。

話を二〇一七年六月一五日の天守閣部会に戻すと、石垣部会の報告に検討が移り、麓構成員が、各部会の考えを名古屋市がまとめて案を決めていかないと文化庁に提案できるか心配になってくる。石垣全体の維持・保全について石垣部会の中で今後のスケジュールについて計画のようなものがあるだろう。それとまったく違うようなことが降ってわいたように出てくると石垣部会の人が驚くと思う、と指摘した。

天守木造復元は、特別史跡名古屋城跡全体の整備の一環として行わなければいけないし、本来、木造天守は天守台石垣と一体となった構造物である。石垣カルテをつくり、城内の石垣全体の保全方針を決め、その中で天守台石垣の保全、修理方針を決めなければ、整合性のとれた天守木造復元の許可を得るための基本計画はできないはずである。

名古屋市が、石垣部会の指摘を天守閣部会に伝えないまま基本計画案づくりを進めていた中で傾聴すべき指摘であった。

石垣に関する全体計画を決める基礎資料が石垣カルテであるが、名古屋城の場合、その調査計画の検討と天守木造復元のための天守台石垣の調査についての検討が別立てで同時に議論されていることの問題点が、どこまでもついてまわるのである。ちなみに、石垣カルテの策定事業は文化庁の補助事業として行われているので予算は一般会計に、天守台石垣の調査事業は天守閣整備事業の特別会計に計上されるという変則事態となっていた。

二〇一七年一〇月一三日に、石垣部会と天守閣部会の初顔合わせとなる全体整備検討会議が開かれた。天守木造復元の二〇二二年末の完成を前提に審議を進めている天守閣部会と、特別史跡の整備の一環として文化庁が許可した範囲内の事業について審議するとしている石垣部会とのすれ違いは当初からあった。それに加えて両部会の間で審議の内容について情報を共有する仕組みもなく、両部会の情報共有が大きな課題となっていた。やっと、それが実現したのが、この日の会議であった。

議題は、石垣部会と天守閣部会がそれぞれの検討状況を説明し、意見交換することだった。石垣部会は、「名古屋城天守再建計画に対する天守台保全のための提言」をした。その中で、事業は、現コンクリート天守を、創建時の材料によって復元しようとするものだが、文化財保護、実物重視の観点からいえば、創建時以来保存されている石垣がもつ価値は、さらに重要であり、国指定「特別史跡」の主たる構成要素である。天守台の内部構造のケーソンで天守台に大幅な加工が可能かどうかは工学的調査と解析によってのみ可能である。現状変更を指定文化財の保護以外の目的で推進することは基本的にあり得ない。やむ負えず手を加える場合は必要最小限にとどめなければならないとして、以下の措置が必要であるとした。

天守台保全のために実行すべき要件

［既に着手した調査・検討課題］

①現存石垣の文化財としての情報の再整理とその価値の評価

②文化財保護を目的とした調査と、工学的調査とによって得られた情報の交換と活用
［上記の進捗・検討の結果次第で、実行すべき要件］
①近現代に損なわれた、本来の名古屋城天守台の歴史的特徴の回復
②地盤工学と建築史、建築学との情報の共有と活用
③現天守台と新・旧天守の構造体としての安定性の検討と、不安定要素の改善
④調査、天守解体、木造天守建設時・後の各過程での、石垣計測によるモニタリングの実施
⑤将来にわたる天守台・天守の状態変化の計測管理の継続、及びそれにより把握できた不安定箇所の修理を含めた、長期的対応のための計画策定（石垣や木造天守の経時的劣化への対策検討）

全体整備検討会議の小濵構成員が、これから天守台の上に天守をのせていくに当たって、いまのものを撤去して、新たにやる基礎工法をどうするか検討しなければいけないが、どういう影響があるか石垣部会で判断して、何か対策が提案できるのか、と聞いたのに対し、石垣部会の北垣座長は、それは提言で触れているように、文化財だけの仕事ではない。地盤工学の力も借りなければできない問題。老朽化が進んでいる名古屋城の石垣をどのように保全していくか、

これがまず大事、と答えた。

天守閣部会は、「天守閣木造復元に係る課題等」として、①構造計画について、②石垣の保全について、③防災・避難計画について、④バリアフリーについての四点をあげた。このうち「石垣の保全について」は、「特別史跡名古屋城跡の本質的な価値を構成する天守台石垣については、天守閣の木造復元に際し、工事が石垣に影響を与えない工法であり、その保全が確実に図られるよう対策を検討する必要がある」としている。

両部会の考え方の違いは、石垣部会が、特別史跡名古屋城跡の「本質的価値」が石垣にあり、修理の履歴など歴史的変遷と安定性などを調べて修復し、モニタリングを続ける必要があるとしているのに対し、天守閣部会は、天守木造復元を前提に、現天守解体と天守木造復元に石垣の保全が図られるかどうかをあげている点にある。

石垣部会の千田構成員が、見学者が通行する通路に面した石垣の安全性に配慮を、穴蔵内面の石垣の整備には特段の安全性の配慮をと訴えたのに対し、天守閣部会の西形構成員も、「私も同じ考え」として、石垣の保全、整備は天守木造復元との関わりだけでなく、見学者の安全性に配慮が必要だと指摘した。

このように石垣部会と天守閣部会の初顔合わせは、両部会の石垣の保全に対する考え方の違いも目立ったが、両部会の情報共有化の第一歩になるかと思えた。ところが、議論の最後の方になって、天守閣部会の座長で全体整備検討会議の座長でもある瀬口氏が、「二つの部会の認識の差は、天守閣部会は安全性を考慮して、文化財とほとんど同じ考えでやっている。（それに対して）石垣部会は、安全性というのは考えていなくて、今のところ。まずは調査を…」と唐突に発言しはじめた。それに対して、石垣部会の面々が声をそろえて、「それは違う。石垣の安全性を考えていないなどありえない」と抗議し、発言の取り消しを求めた。

「石垣部会も安全性を考えている」が、まだ調査中で検討段階に時間的な差があるということではないか、と庭園部会の座長で全体整備検討会議副座長の丸山宏副座長（名城大学教授〈当時〉）が仲を取り持とうと発言したが、瀬口座長はそれに応じず、肝心の両部会の初顔合わせはかえって両部会の溝を広げることとなった。

石垣部会の抗議と解散の危機

石垣部会は、一〇月一六日付けで名古屋城総合事務所西野所長宛てに、瀬口座長発言に抗議する書簡を送った。それはつぎのような内容で、場合によっては石垣部会の解散も辞せずとの内容が含まれていた。

指定文化財への現状変更行為は、保護以外の目的で進めることは基本的にあり得ない（文化財保護法）。／事前の考古学的調査が不可欠なのであり、すでに必要な調査をはじめている。

瀬口氏の発言は、石垣部会が、文化財の保護のみに固執して、安全や人命を軽視する集団だとみなされており、意図的な印象操作と映ります。

こうした事態で、石垣調査は一一月中旬からストップしてしまった。

一一月二七日、西野所長から北垣座長宛てにEメールが届いた。瀬口座長は、「石垣部会は調査終了後、安全策をとるつもりだったと言おうとした」との内容で、言葉足らずだったことを釈明するという内容だった。

一二月四日の市議会経済水道委員会でこの事態が取り上げられたが、西野所長が、一二月中に解決したい。もしうまくいかなかった場合、他の専門家の方にお願いするなど、文化庁と相談して適切な対応をとる、と答弁した。有識者会議は名古屋市が委嘱して成立しており、文化庁は名古屋市が有識者会議とよく相談したうえで了解をとるべきだとの方針をとっていた。そのことをわきまえていれば、考えられない答弁であった。

一二月一八日、石垣部会と西野所長との間で非公開の話し合いがもたれた。席上、名古屋市側は、河村市長が瀬口氏に面談の上で一〇月一三日発言の撤回を直接促したところ、瀬口氏はこれを拒否したとの経緯を伝えた。また、市としては、瀬口氏発言のように石垣部会が見学者の安全性を軽視する姿勢にあるとはまったく認識しておらず、事業推進部局としても遺憾であるとの意思を表明した。

それを受けて、石垣部会は、つぎのような五項目を条件として部会活動の再開に踏み切ることを決め、河村市長と西野所長宛てに翌年一月一七日付けで伝えた。

一、瀬口発言の撤回、謝罪を引き続き要請すること。
二、本丸搦手馬出石垣の修理事業の再開。
三、文化庁記念物課による特別史跡の現状変更許可の方針が固まっていない調査・整備事業については、今後も当部会での審議対象とはしないこと。
四、藩政期以前の遺構の保存と安定化に反する行為に対しては、これを排除する目的に立った指導・助言を当局にむけて行うとともに、名古屋城本来の旧状への回復に努めること。
五、本丸北西隅一帯で開始された石垣・堀跡の保全に必要なデータを収集するためのトレンチ調査に関して、専門的見地からの指導や調査成果の評価に係る検討を再開すること。

こうして一月三〇日、石垣部会は再開された。しかし、天守木造復元を書き込もうとの「保存活用計画（案）」を石垣部会では認めないとの意見が出され、「庭園にせよ、建造物にせよ、石垣にせよ、どの時代の形を目標にして保存・回復していくか、統一性がとれた指標が示されていないなど、内容がたいへん矛盾している。こんな矛盾した保存活用計画（案）が採用されると、これに縛られてしまい、大矛盾による混乱が起きて石垣修理は間違いなく頓挫する」との指摘もあった。

また、千田構成員は、石垣調査は石垣保全のための調査であるにもかかわらず、これまでの報道は、「木造復元のための露払い調査」と誤って報道されていると、部会の席上から報道席の取材陣に対してマスコミ報道の問題点を指摘した。

石垣整備のための調査であるにもかかわらず、ついでに天守木造復元のための調査もすることは認められないと、文化庁が石垣部会の席上表明してきたことはすでに述べた。石垣部会はマスメディアや市民に公開されていたが、会議終了後、構成員と当局側のブリーフィングが行われるのが通例となっていた。会議で石垣部会は天守木造復元を前提とした調査ではないとして議論しているのに、当局のブリーフィングで西野所長は、あたかも天守木造復元について議論したかのような説明をし、それにもとづいて報道するところが目立った。

最近、マスメディアによる政権、行政当局への忖度《そんたく》報道の弊害が指摘されているが、名古屋城天守木造復元に関するその頃の報道はその最たるものと言えよう。

以上のように、石垣部会と天守閣部会の〝対立〟は解消されたわけではないが、石垣調査は二〇一八年二月一日に再開された。

二月一四日は天守閣部会が開かれ、天守木造復元の基本計画をまとめる議題の前に、天守台石垣周辺調査に関する報告がされた。報告が終わるのを待ちかねたかのように瀬口座長が口を開いた。石垣部会から河村市長と西野所長宛に出された書類に、「河村市長が瀬口座長に面会し発言を撤回するよう促したが、瀬口座長が拒否した」とあるが、事実にもとづかない記述である。言葉足らずではあったが、間違ったことを言ってはいないと述べた。名古屋市が石垣部会と瀬口座長の双方に、その場を取り繕うような説明をして事態を乗り切ろうとしているのではないか。「名古屋市は詭弁を弄している」と発言し、名古屋市側は答えに窮した。

こうした経緯で、石垣部会と天守閣部会の〝対立〟は解消しないまま、両部会が、それぞれに天守木造復元の計画と石垣の保全・修復に関して検討する状態が続いていくのである。

名古屋城現鉄筋コンクリート天守は、耐震問題を理由に二〇一八年五月六日に閉館し、二〇二二年一二月竣工をめざして、翌日から入場が禁止された。

3. 木造天守の建築は許可されるのか？

建築基準法第三条の除外規定が適用できるか

名古屋城天守木造復元の基本計画案を検討中の名古屋市に、文化庁が、二〇一八年二月五日、復元検討委員会からの質問を伝えた。その時点で、文化庁は天守木造復元の基本計画案を受理していないが、名古屋市が検討状況を適宜報告しており、それに対する復元検討委員会の質問を伝えたのだ。

この文化庁からの質問は、以下のとおりである。

①戦後都市文化の象徴であるＲＣ（ＳＲＣ）造天守を解体するにはなお議論を尽くす必要がある。史資料の豊富さということのみで、名古屋城天守を木造とする考えが正当化でき

るかどうか検討を要する。

②戦前における城郭建築についての研究と耐火構造の必要性という中で、ＲＣ（ＳＲＣ）造天守が建設されたわけであるが、前者についての追跡が不十分ではないか。

③建築基準法の変遷についての調査がさらに必要。昭和三四年改正が、国宝保存法に指定され、戦災によって焼失したものの再建を適用除外としていると解釈できるか否か、検討が必要。

①は、現鉄筋コンクリート造天守を「戦後都市文化の象徴」と位置づけている。現天守は再興後五〇年以上経過しているので、近代建築として文化財価値があるかどうかが検討されるのだ。

現鉄筋コンクリート天守を登録有形文化財に登録して存続することをめざして運動している市民グループ「名古屋城天守を『戦後復興市民のシンボル』に」では、現天守を「戦後復興の象徴」と位置づけている。現鉄筋コンクリート天守は、たんなる複製品（レプリカ）ではない価値をもっているというのだ。復元検討委員会の「戦後都市文化の象徴」との評価と「戦後復興の象徴」との評価は重なるところが大きい。

もっとも特別史跡名古屋城跡の構成要素としては、現鉄筋コンクリート天守は「本質的価値」をなすのではなく、史跡の本質的価値の理解を促進するものになるが、名古屋城跡の歴史景観の根幹をなすことに異論はないだろう。そういう意味では、失われる前の天守に外観がそっくりの現名古屋城天守の場合、再建当初は文化財ではなかったが、この時点で築後六〇年近く経っており、文化財に準ずる歴史的価値をもっていると考えられる。

②は、現鉄筋コンクリート天守再建に活かされた、名古屋城本丸が宮内省から名古屋市に下賜されたのにともなって行われた昭和実測図事業や城郭史家の藤岡道夫、城戸久《きどひさし》の実証的研究の追跡が不十分であると指摘しているのであろう。

名古屋市は、戦前の城郭史研究における第一人者であった城戸久が名古屋城の再建時に設計などに深く関わり、精度の高い外観復元を行うことで「近世城郭」としての姿を保存し、同時に、内部に重要文化財等の展示収蔵のための機能をもたせることで「近代建築」としての価値を付与するものであったとしている（二〇一八年七月一九日天守閣部会資料）。

さて、③の建築基準法の一九五九年改正が、国宝保存法に指定され、戦災によって焼失したものの再建を適用除外としていると解釈できるか否かとの復元検討委員会からの質問は、名古屋城天守木造復元の法的根拠は何か、との問いといえる。

建築基準法は、第一条（目的）で「この法律は、建築物の敷地、構造、設備及び用途に関する最低の基準を定めて、国民の生命、健康及び財産の保護を図り、もつて公共の福祉の増進に資することを目的とする。」と謳っている。名古屋城天守は、五層五階、地下一階で、天守台一九・五メートル、建屋三六・一メートル、合計五五・六メートルある。一八階建ての高層建築に相当する。こうした高層の木造建築物を〝史実に忠実〟に復元しようとすると、建築基準法が定めた建築基準を満たすことはできず、建設できない。

そこで建築基準法には、歴史的建造物の一部について復元や修理などに当たっては、除外規定が第三条第一項に規定されている。この建築基準法第三条第一項は、同法が制定されて以降、数回改正されている。

一九五〇年の成立時の建築基準法の第三条は、つぎのようになっている。

第三条　この法律並びにこれに基く命令及び条例の規定は、国宝保存法（昭和四年法律第一七号）、史蹟名勝天然記念物保存法（大正八年法律第四四号）、又は重要美術品等の保存に関する法律（昭和八年法律第四三号）の適用を受ける建築物を建築し、修繕し、又は模様替えする場合には、適用しない。

建築基準法と文化財保護法は同じ国会の会期中にそれぞれ提案され成立したが、建築基準法のこの条文では、文化財保護法に統合された国宝保存法、史蹟名勝天然記念物保存法など旧法のままとなっており、文化財保護法の成立にともなって建築基準法の条文は書き換えられた。一九五九年改正では、つぎのようになった。

第三条　この法律並びにこれに基く命令及び条例の規定は、文化財保護法（昭和二五年法律二一四号）の規定によって国宝、重要文化財、重要民俗資料、特別史跡名勝天然記念物若しくは史跡名勝天然記念物として指定され、若しくは仮指定され、又は旧重要美術品等の保存に関する法律（昭和八年法律第四三号）の規定によって重要美術品等として認定された建築物及びこれらの建築物であったものの原形を再現する建築物で特定行政庁が建築審査会の同意を得てその原形の再現がやむを得ないと認めたものについては適用しない。

ちなみに、建築基準法第三条は、一九九二年にも改正されている。

第三条第一項　この法律並びにこれに基づく命令及び条例の規定は、次の各号のいずれかに該当する建築物については、適用しない。

一　文化財保護法（昭和二五年法律二一四号）の規定によって国宝、重要文化財、重要有形民俗文化財、特別史跡名勝天然記物若しくは史跡名勝天然記念物として指定され、若

しくは仮指定された建築物
二　旧重要美術品等の保存に関する法律（昭和八年法律第四三号）の規定によって重要美術品等として認定された建築物
三　文化財保護法第一八二条第二項の条例その他の条例の定めるところにより現状変更の規制及び保存のための措置が講じられている建築物（次号において、「保存建築物」という。）であって、特定行政庁が建築審査会の同意を得て指定したもの
四　第一号若しくは第二号に掲げる建築物又は保存建築物であったものの原形を再現する建築物で、特定行政庁が建築審査会の同意を得てその原形の再現がやむを得ないと認めたもの

それまでは、文化財保護法で国宝や重要文化財等に指定されたいわゆる国指定の建築物しか、第三条第一項に規定された除外規定を適用することができなかったが、都道府県や市町村が指定した建築物についても除外規定をできるように三号が新たに設けられた。

すでにない建物の復元でも許可される?

復元検討委員会からの質問に対し、名古屋市は以下のように回答している(二〇一八年七月一九日 天守閣部会資料)。文意が変わらない範囲で要約して紹介しよう。

一九五〇年施行の当初の建築基準法では、現に指定されている建築物について、建築基準法の適用が除外されることのみが定められており、復元建造物については規定がない。復元建造物に対する適用除外が規定されるのは、一九五九年四月の改正で、「原形を再現する建築物で特定行政庁が建築審査会の同意を得てその原形の再現がやむを得ないと認めたものについては適用しない」との規定が加えられたことによる。

この改正に当たっての国会質疑で当時の政府委員(建設省住宅局長)が、「これの改正につきましては、災害等で滅失しました国宝、重要文化財等を再建いたします場合にも、本法の適用を除外できるように改めたものであります」と答弁している。

名古屋市が、一九五七年に現天守が着工された当時の建築基準法運用に関して問い合わせたところ、国土交通省からは「法文や改正経緯からは昭和三四年(一九五九)の改正までは、法第三条の適用はできなかったものと推測できるが、当時の法令の取り扱い等に関する資料がみつからないため、正確にはわからない」との回答が寄せられた。

よって、推論の域を出ないところも残るが、一九五九年の法改正までは、災害等で焼失した旧国宝等に指定された建築物の復元に対して建築基準法の適用除外がなされなかったものと考えられ、一九五七年再建時は木造での復元は建築基準法上不可能だったという可能性が高い。

名古屋城天守は、本丸御殿とともに一九四五年五月一四日に名古屋空襲で焼失しており、一九四九年一〇月一三日に国宝指定は解除された。それについては、翌一九五〇年に成立した文化財保護法の附則第三条に、「国宝保存法第一条の規定による国宝の指定（同法第十一条第一項の規定により解除された場合を除く。）は、第二十七条第一項の規定による重要文化財の指定とみなし」と「みなし規定」があるが、すでに国宝指定は解除されているので、建築基準法第三条を適用する余地はないように見える。

ところが、現に名古屋城の本丸御殿は復元され、二〇一八年に竣工している。文化庁長官の現状変更の許可は二〇〇七年一一月に下りた。本丸御殿の復元のための現状変更の許可申請によれば、名古屋城跡は一九五二年に「特別史跡名古屋城跡」に指定され、特別史跡は一九三二年（昭和七）指定の「史蹟名古屋城跡」を引き継いでいる。本丸御殿は、「史蹟名古屋城跡」の構成要素をなしており、「史蹟名勝天然記念物保存法（大正八年法律第四四号）の適用を受ける建築物」に当たる。したがって、建築基準法第三条の適用除外に当たるとして現状変更の許可を得たのだという。

今回復元が計画されている名古屋城天守について、二〇一八年に行われた市民説明会で名古屋市は、名古屋城跡が特別史跡に指定された一九五二年には天守閣はなかったが、特別史跡の指定には、一九三二年（昭和七）の史蹟の状態を引き継いでいるということになっており、一九三二年には天守閣はあったので、建築基準法第三条の適用が可能であると説明している。

いずれにしても、文化財保護法の前身の国宝保存法なり史蹟名勝天然記念物保存法の指定を受けていることを根拠とする。そして、「特定行政庁が建築審査会の同意を得てその原形の再現がやむを得ないと認めたもの」に限って建築基準法の適用が除外されるとしている。

木造復元は法拡張解釈の連続　白河小峰城・掛川城・大洲城

名古屋市の見解では、史跡内に天守や櫓などの木造復元を行う場合、建築基準法第三条の除外規定を適用できる場合があるということだが、実際に天守や櫓が復元（再現）された実例を見ていこう。

〈白河小峰城（福島県白河市）〉

鎌倉時代末期に起源をもつ小峰城は、大坂の陣の武功などから藩主となった丹羽《にわ》長重《ながしげ》によっ

木造復元された白河小峰城三重櫓

て大改修、事実上築城され、外様の仙台藩に対する備えとしての意味もあった。明治初年の戊辰戦争では奥羽越列藩同盟に加わったため新政府軍の攻撃を受け、本丸にあった天守相当の三重櫓《さんじゅうやぐら》など城の建物の大半が焼失した。

この三重櫓を復元しようと、一九七〇年、白河町（当時）に「小峰城復元期成会」が結成され、設計も終えたが、第一次オイルショックで頓挫した。その後、「城山総合公園基本計画」に市制四〇周年（一九八九年）記念事業として三重櫓復元を盛り込んだ。一九八七年、球場施設を撤去して三重櫓の復元に着手し、一九九一年に三重櫓は復元された。

小峰城三重櫓は高さが一四メートルあり、建築基準法第二一条では、高さが一三メートル又は軒の高さが九メートルを超える建築物は主要構造部（床、屋根及び階段を除く）を木造としてはならない、との規定に違反する。

そこで、白河市は、復元する小峰城三重櫓を「建築物」ではなく、建築基準法で定められた基準を満たさなくてもすむ「工作物」として建築許可を得て建築した。

ところが、一九九一年四月に竣工し、内部を開放していたが、県から建築基準法上、「工作物」は内部に人を入れることはできないと指摘され、一階部分だけを「学術研究」の名目で「特別公開」することになった。しかし、市民や観光客から「二、三階部分も見学したい」という要望が相次いだ。

そうした中、建築基準法第三条が一九九二年に改正され、地方公共団体が条例で定めた「保存建築物」も建築基準法の適用除外を受けられることとなった。

白河市は、小峰城三重櫓の構造の補修工事を行うとともに「都市景観重要建造物」に指定し、建築審査会の同意を得て、一九九八年四月に全面公開した。小峰城三重櫓の竣工から七年が経っていた。


〈掛川城（静岡県掛川市）〉

掛川城は、室町時代中期に今川氏の重臣によって築造されたが、武田と徳川の駿河侵攻の際に徳川軍が入城。天正一八年（一五九〇）に家康が関東に移ると、豊臣武将の山内一豊《やまうちかずとよ》が入り、

木造復元された掛川城天守

城の大拡張を行い、天守等が築かれて近世城郭となった。

掛川城天守は、幕末の安政元年（一八五四）の安政東海地震で倒壊した。一九五〇年代の天守再建ブームの折、復元に向けた動きがあったが財政難で実現せず、その後も再建話が浮かんでは消えた。しかし、ある高齢女性の五億円の寄付と市民の寄付合わせて一一億円で事業費が賄われた。そうして一九九四年に日本初の木造復元天守として再建された。

掛川城天守も高さが一六・一八メートルあり、白河小峰城三重櫓と同じように、建築基準法第二一条に定める木造建築物の高さ制限一三メートルを超えている。ところが、建築基準法にもとづいて定められた同法施行令第二条六項には、階段室、昇降機塔、装飾塔、物見塔、屋窓その他これらに類する建築物の屋上部分の水平投影面積の合計が当該建築物の建築面積の一／八以内の場合においては、その部分の高さは、一二メートルまでは当該建築物の高さに算入しない、とある。

つまり、階段室や物見塔は一定の大きさまでなら建築物の高さに含めないとしている。この規定を利用し、掛川城天守は三重四階の建築物であるが、このうち三階・四階を物見塔とそれに付随する階段室とみなすことで、法令上一三メートル未満の建築物であるとしたのである。それにより、〝適法な建築物〟として〝史実に忠実〟な天守を復元したという。

ちなみに掛川城は、〝史実に忠実〟な天守を復元しようにも資料に欠けているので、実は元の天守の姿形がわからない。そこで、江戸時代から伝わる現存一二天守のひとつである高知城天守のコピー建物を再現した。

掛川城天守は山内一豊が築き、後に山内家が高知に移封された際、掛川城を参考に高知城を築いたと記録にある。したがって、高知城天守が本当に掛川城天守の写しであるという確証はないが、コピー建物を再現したのである。

しかも、掛川城天守の復元に当たって、残されていた天守台石垣に復元天守を建設すると耐震上、問題があるとして、石垣は発掘調査されたものの天守台をすべて取り払い、コンクリート造の天守台に取り換えてしまった。そのため、傷んではいたが一部残っていた石垣の石をコンクリートの外側に貼り付けて天守台とした。城郭建物の復元のために貴重な文化財である天守台と石垣が破壊されたのである（佐藤正知「近世城郭の保護についてのメモ」『近世城跡の近現代』奈良文化財研究所参照）。

〈大洲城（愛媛県大洲市）〉

大洲《おおず》城は、室町時代に伊予宇都宮氏により創建されるが、江戸時代初期、藤堂高虎らによって大規模に修築され、近世城郭として体裁を整えた。

大洲城の天守は、明治維新の廃城令後も保存されていたが、老朽化のため一八八八年（明治二一）に取り壊された。その後も残された台所櫓、高欄《こうらん》櫓など四棟の櫓は、一九五三年県史跡に指定され、一九五七年重要文化財に指定された。

天守の木造復元は、市制施行四〇周年を迎えた一九九四年、建築史家の宮上茂隆《みやがみしげたか》氏を顧問とする大洲城天守閣再建検討委員会（後の大洲城天守閣復元委員会）を発足させ、一九九六年に復元構想が報告された。その後、天守跡地の地質調査、さらに一九九九～二〇〇〇年には天守台の発掘調査が実施された。

天守台の発掘調査で柱の礎石が見つかり、雛形（木組模型）の柱位置が裏づけられた。雛形は市指定文化財で、大洲藩作事方棟梁《さくじかたとうりょう》であった中野家に残されていた。天守外観は、明治時代初期に撮影された北面、東面、西面の三方向からの写真が残されていた。天守や多門《たもん》櫓の間取

木造復元された大洲城天守（左）と現存する高欄櫓（右、重要文化財）

りが描かれた『御城中御屋形絵図並地割』など複数の絵図面も重要な史料となった。

このように豊富な史資料がそろっていて復元は可能だったが、問題は建築基準法。大洲城天守は高さが一九・一五メートルあり、建築基準法の制限一三メートルを超えている。大洲市では、特殊な構造方法または建築材料を用いる建築物について国土交通大臣が適合すると認めた場合には特別に認められるという建築基準法第三八条にもとづく建設大臣の認定を受けようとしたが、この条は二〇〇〇年性能設計が始まるときに削除されていた（同法第三八条は二〇一六年に復活した）。

そこで、大洲市が目を付けたのは、建築基準法第三条が一九九二年に改正され、地方公共団体が条例で定めた「保存建築物」も建築基準法の適用除外を受けられることになったことだ。大洲市は二年近くかけて建設省や文化庁、愛媛県など関係機関と粘り強い交渉を重ね、「保存建築物」として建築基準法第三条の除外規定の適用を認めてもらった。

二〇〇一年五月、愛媛県建築審査会の認定同意が得られ、翌六月に天守復元工事は着工された。文化庁は、天守と重要文化財に指定している高欄櫓と台所櫓はもともとは連結された「複連結式天守群」をなしていたので、取り付け部に関して現状変更の許可をした。

こうして、二〇〇四年、大洲城天守（四層四階）は竣工した。

当時、天守の復元に携わった市職員村中元《はじめ》氏は、将来の文化財の復元を目指した、その価値を市民と分かち合い、市民手づくりの天守を復元しようという思いだった、と振り返る（村中元「大洲城天守の木造復元、その意義とは」日本マーケティング協会ホームページ二〇一八年二月一四日記事）。

ちなみに、大洲城天守の復元は木造による伝統工法で行われたが、伝統工法で大規模な高層天守を復元する際の構造設計の技術を開発したとして、国土技術研究センターが設けている第七回国土技術開発賞の最優秀賞を増田建築構造事務所などが受賞している。

この技術開発の結果、伝統工法により建設された木造建物の構造安全性を可能にした。このように歴史的建造物の復元を行う過程で現存する建造物の保存にも貢献する技術開発が行われたことは、歴史的建造物復元の成果である。

とはいえ、建築基準法第三条第一項三号の「保存建築物」として同四号を適用して除外規定の適用を受けるのは、「保存建築物」に指定された建物が存在していて、その修復や復元に適用できる規定であり、歴史上なくなってしまっている建築物を復元した後、後付けで「保存建築物」とするのは、法の拡張解釈ではなかろうか。

このように白河小峰城、掛川城、大洲城のいずれも、法の拡張解釈よって木造天守や櫓を復元しているのである。また、いずれも天守や櫓を復元した時点では国史跡の指定を受けておらず、文化庁による復元のための現状変更の許可は必要なかった。掛川城の場合、国史跡の指定を受けると復元のための現状変更の許可が受けられなくなるのではないかとして指定を避けたといわれている。

防災対策は大丈夫か

話を名古屋城に戻そう。名古屋城天守は国特別史跡に指定された建築物なので、建築基準法第三条の適用除外を受けられるとされる。しかし、適用除外されるとしても、今日、危険な建物を建てることが許されるものではない。公衆を受け入れる建築物であれば、構造耐震対策、防災避難対策、消防対策など、安全性を確保しなければいけない。それを「法同等の安全性」

という。

二〇一八年六月二八日の名古屋市議会経済水道委員会で、江上博之市議（共産）が技術提案書で示された防災計画と避難階段について質問した。名古屋市は、防災計画について、竹中工務店から技術提案の段階では中央に耐熱ガラスによる避難コアを設けて、新たに避難階段を設置するという提案をいただいたが、天守閣部会で「史実に忠実ではないのではないか」という意見をいただいたので取りやめた、と答弁した。

高層建物では、火事などの際の避難対策として「二方向避難」が義務づけられている。階段が一か所しかないと、その近くで火災が発生したら逃げ場がなくなる。ホテルなどでエレベーター、階段とは反対側の屋外に非常階段が設置されているのが「二方向避難」だ。

名古屋城天守にはもともと北階段（表階段）、南階段（御成階段）と二か所に階段があったが、木造で燃えるし、角度も急で踏み幅が狭く避難には適していない。そこで、竹中工務店の技術提案書では、復元天守の中央に最上階の一階下の四階から地下一階の穴蔵まで吹き抜けの避難コアを設け、耐熱ガラスで囲って、その中に金属製の階段を設ける避難対策をとることが提案されたのである。

七月一九日、天守閣部会。名古屋市は、竹中工務店が提案した避難コアを設ける案に代わる計画を明らかにした。それは、北階段（表階段）と南階段（御成階段）の二つの階段を使い分

旧天守四階の階段（北西より）

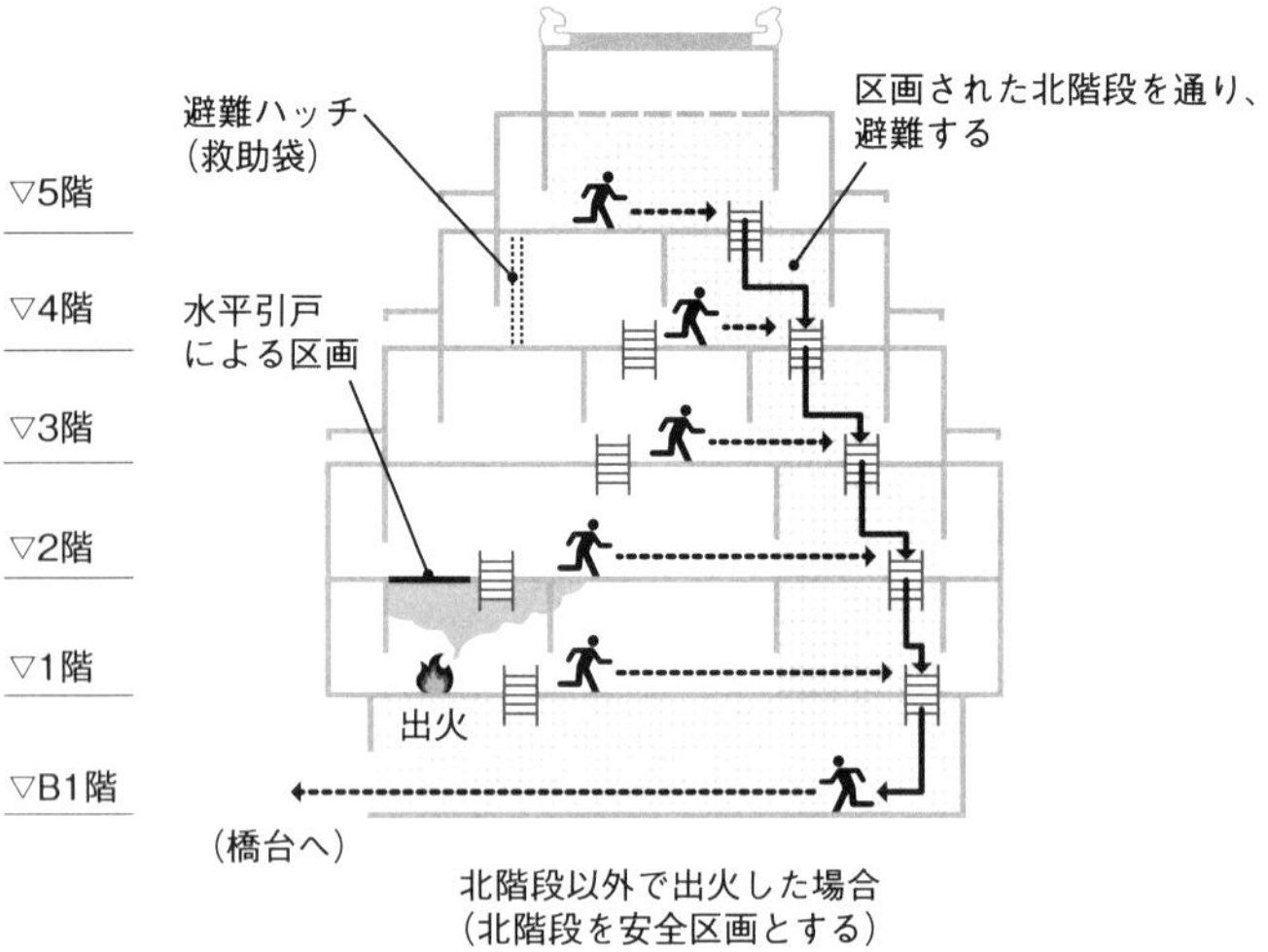

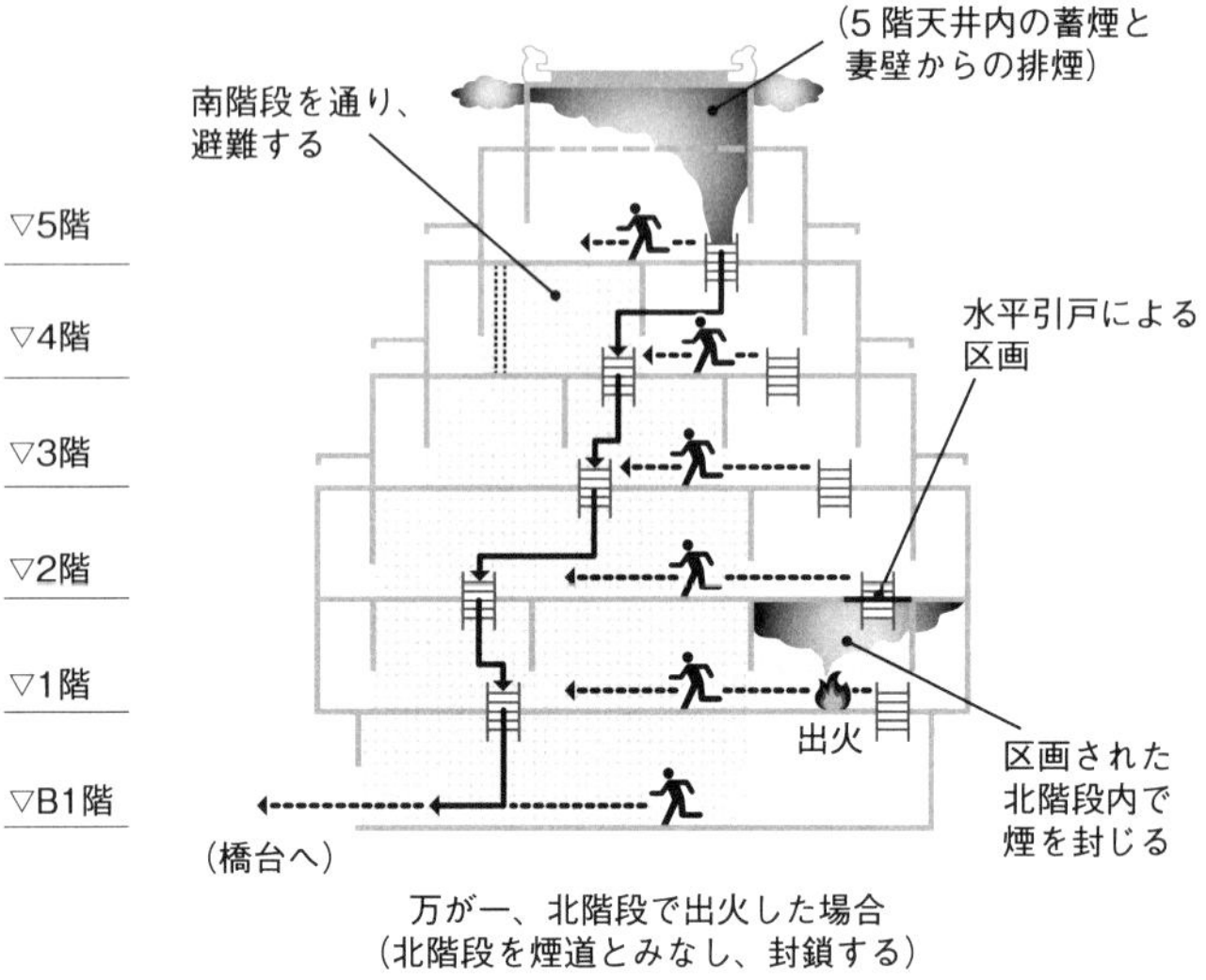

図3　名古屋市が示した2方向避難案の概略

けて「二方向避難」を確保しようとの案であった〈図3〉。

名古屋市の防災対策のおもな特徴は、ソフト面の対策も取り入れて「運営管理」に重点をおいたもので、持ち込みの可燃物量を小さなものに限定し、徹底した出火防止を行う。万一出火した場合には、監視カメラや人による監視も含め早期の火災確認を行って、全階に設置した消火器やスプリンクラーで初期消火を行う。煙の中を避難しなければいけないため入場者数の管理を行う。

江戸時代の天守は、北階段が最上階の五階まで達しているが、南階段は三階までしかないので、四階まで本来はなかった階段を新設する。排煙は自然排煙とするが、階段上部をふさぐ繰り出し板戸(水平引戸)がもともとあるので、火元に近く避難階段にあてないほうの階段は、その板戸に感知器と連動した閉鎖機構を付加して塞ぎ煙が上の階に上昇するのを防ぐ。北階段のある部屋は一八畳から四〇畳あるので逃げ遅れ者の退避場所にあてる。

名古屋市側は、そうした防災・避難計画を公的認証機関の日本建築センターに申請し、協議のうえで指摘された事項も盛り込んでまとめた計画を、この日の天守閣部会に諮った。しかし、最終的な評価書は得ていないと説明した。

復元する木造天守には同時に二五〇〇人の入場が見込まれており、名古屋市側の提案に対し、構成員から、自然排煙にまかせると、観覧者が多い時間には混雑するので避難がとどこおる、開場時間を延長するなど工夫が必要ではないかとの意見が出、瀬口座長が時間帯によって観覧者数に大きく差が出ないよう平準化を図る措置をとるよう述べた。

こうして名古屋城天守木造復元事業の防災性能については、名古屋市が二〇一八年一月二九日に日本建築センターに評定申し込みをし、二〇一九年一月二一日に評定書が交付された（ただし、後述するが復元する木造天守の基礎構造を見直すことになっており、それにともなって評定を受け直さなければいけない場合もあるとしている）。

また、避難誘導システムについては、名古屋市の申請にもとづき、公的認証機関の日本消防設備安全センターが消防設備システム評価を行い、火災時に安全に避難することを支援する防火安全性能を有するとの評価書を二〇二〇年一月二九日付けで交付した。

この評価は、消防システム評価委員会の委員と名古屋市との間で質疑を行って、計画を詰めていく方式で行われたが、対象とされているのは木造天守の大天守だけで、橋台《はしだい》は屋根のない構造物で大天守と小天守は別棟だとして、一体としての評価は必要ない、と名古屋市はしている。しかし、大天守から避難する場合、橋台を渡って小天守から出るしかないので、小天守から火災が起こった場合、避難できなくなる恐れがあるのではないだろうか。

消防システム評価委員会の委員からは、「全体にソフトウェアに頼りすぎる計画となっている」「入城客を二五〇〇人の一〇分の一程度に絞りこめないのか」「はしご車により救助する計画だが、数百人が避難完了するには相当な時間がかかる。五階からの避難をはしご車による救助を前提にすることは厳しいと思われる」との意見や質問が出された。

また、五階から四階へは階段が一つしかないため、内部に垂直避難方式による避難を追加することが可能かとの指摘が出て、名古屋市は避難ハッチ（救助袋）を設置することになった。

また、逃げ遅れた人ははしご車により救助する計画になっているが、窓から出て屋根を伝って先端まで行くのは、一般の人には困難なのではないかとの指摘が委員から出た。そこで名古屋市は、窓の外に史実にはない丸輪を取り付けておき、それにロープを取り付けることにした。それに対し、非常時に取り出せる手摺《てすり》等は検討できないかとの指摘が出た。それに対し、名古屋市は、固定物は銅板瓦を貫通させて木造の屋根に設置することになり、漏水により屋根下地の腐朽が起こり強度の維持が困難であるとして、窓からはしご車のバスケットまで避難はしごによる対応を検討するとした。

以上のように、防火安全性能の評価書は交付されているが、出入口は小天守⇅橋台⇅大天守の一カ所しかなく、木造天守での避難は本当に大丈夫なのかとの疑問はぬぐえない。また、火災の際、延焼を遅らせるため木の床に鉄板を挟み込めないかとの委員から質問が出たのに対し、名古屋市側がどう対応したかは、竹中工務店のノウハウに関わるとして情報公開されていない。

バリアフリーを無視してよいのか

バリアフリーに関しては、高齢者や障害者が円滑に利用できるよう建築物を対象に通称「ハートビル法」(「高齢者、身体障害者等が円滑に利用できる特定建築物の建築の促進に関する法律」)が一九九四年に施行され、二〇〇六年に建築物だけでなく街中の諸施設も対象にした「バリアフリー法」(「高齢者、障害者等の移動等の円滑化の促進に関する法律」)が新たに施行されている。

現鉄筋コンクリート天守には、天守内部に二三人乗りのエレベーターが一階から五階まで二基設置され、一九九七年にはそれに加えて、天守台石垣下端から天守一階までの一一人乗り外付けのエレベーターが設置された。五階から最上階の七階までは階段しかない。

二〇一五年の天守木造復元の業者の選定に当たって、名古屋市は、高齢者や障害者のためのユニバーサルデザインは、「史実に忠実な木造復元と両立」できるものをとの条件を示していた。

採用された竹中工務店の提案では、地下一階から一階と、一階から四階までは、「四人乗りエレベーター(車いす用仮設エレベーター)」を、「四階から五階は、木造階段にチェアリフト」を付けることになっていた。チェアリフトは、階段の手すりに椅子を設置し昇降する装置で、車いすを利用している人は乗り換える必要が出てくる。

ところが、二〇一七年一一月に突如、河村市長が「史実に忠実な復元」と「エレベーター設置」は両立しないとの方針を打ち出した。

一一月一六日の天守閣部会。名古屋市は、「現時点では、エレベーターを設置せず、地階から五階の表階段にチェアリフトを設置する」との案を諮った。ところが、いったん決めても再び検討し直すともとれる内容だったことに、構成員から異議が唱えられた。それに対し、瀬口座長が今後四、五年の間に新しい技術開発があればそれを採用するということで、一応出されたということでよろしいですねと引き取った。

配布された資料によれば、チェアリフトを使っているときは他の人は階段を使うことは難しく、残りの人は一一階建て相当の建物を傾斜五五度の階段で登ることとなる。

傍聴に来た電動車いすを使っている人から、「なぜエレベーターを付けないのか説明がなかった」と批判する声も聞かれた。

一一月二一日に、愛知障害フォーラム（ＡＤＦ）の電動車いすメンバー四人と支援者が名古屋城総合事務所を訪ねて、公開質問状を提出し、チェアリフトは車いすの代替案にならない、特別支援学校などの団体利用についての検討がされていない、名古屋市が基本計画をまとめる目標としている残り四か月でエレベーターの代替案の技術開発が間に合うとは思えない、などと訴えた。

一一月二八日の名古屋市議会本会議で、松井よしのり市議（自民）が「弱者切り捨てではないか」と質問したが、河村市長は、弱者切り捨てという考えは全くない、「（障害者団体など）関係者と相談してやれ」と（職員に）指示していた、と答弁した。

こうした問題点が見えてきて名古屋市は、庁内に「名古屋城木造復元天守バリアフリー対策検討会議」を設置し、二〇一八年三月二九日に中間報告をまとめた。それによると、①エレベーターなし、②一一人乗りの外部エレベーターを天守台石垣下端から天守一階までに設置、③四人乗りエレベーターを天守内部の四階まで設置、④一一人乗りエレベーターを天守内部の四階まで設置、の四案があげられている。

二〇一八年三月三〇日に全体整備検討会議が開かれ、天守木造復元を書き込む「保存活用計画」の取りまとめを行った。バリアフリー対策の検討過程について、エレベーター設置について、設置するかどうか、また、設置する場合、三案を検討中であると報告された。赤羽構成員が、城郭築城時にバリアフリー思想はなく、不特定多数の登城を想定していなかった。「史実に忠実」を柔軟に考えてはどうか。木造天守ではバリアフリーは不可能といわざるを得ない。現天守を改修することで解決してはどうか、と述べたが、それに続く意見はなかった。

こうした市の対応に、地域の福祉関係者が動いた。

四月一〇日に、愛知県の福祉有識者委員会「人にやさしい街づくり推進委員会」が、「愛知県の『人にやさしい街づくりの推進に関する条例』の目的および趣旨をふまえ、名古屋城天守閣の復元においても、高齢者、障害者等を含むすべての県民が円滑に利用できることが実現するよう強く要望するものです」との要望書を河村市長に提出した。

こうした中、河村市長は、庁内での検討だけでなく外部の有識者に依頼して「特別史跡名古屋城跡バリアフリー検討会議」（以下、バリアフリー検討会議と略）を設置し、バリアフリー問題についての検討を依頼した。

さっそく四月二四日に、バリアフリー検討会議の第一回が開かれた。

構成員は、建築・地盤工学、建築史、福祉、工学の各分野の学識者一八人で、このうち七人は天守閣部会の構成員と重なっていた。オブザーバーとして、障害者団体や関係団体の二人が参加した。

前述したバリアフリー法と名古屋城天守木造復元との関係について、名古屋市は、建築基準法第三条第一項四号の除外規定が適用されれば、バリアフリー法の建築物移動円滑化基準への適合義務に関する規定も適用されないことになる。ただし、法に定められている施設管理者および地方公共団体が負う移動円滑化を促進するために必要な措置を講ずる努力義務については適用されるとの見解を示している。

席上、名古屋市は、バリアフリー対策についての検討状況を説明し、エレベーターに代わる新技術の開発も進めていきたいとして、自動車車体メーカーや医療機器メーカー、大学に意見を聞いていることを明らかにした。

審議に移り、「バリアフリーは当事者参加が必須。名古屋では、中部国際空港セントレアで障害者も参加してバリアフリー・ユニバーサルデザインを実施した先例もある」といった意見や、「非常に大きな公共の事業なので、みんなが利用できるよう、エレベーターは必要と考える」と意見が出た。「わっぱの会」の斎藤縣三《けんぞう》氏は、「五月中に結論を出すのでは、市民参加、障害者参加を実現できないのでは」と懸念を表明した。

天守閣部会の三浦構成員は、バリアフリーと緊急避難は一緒に考えてほしい。天守台西側上部に切り欠かれている部分（開口部を塞いだ痕跡—著者）があり、当初西側にも小天守を作ろうとした跡とされているが、当時すでに避難対策を考えた上でのことかもしれない。その切り欠かれた部分を利用して避難施設を設けるよう検討すべき、とユニークな意見を述べた。二方向避難は確保されるが、史実に反する復元となる。

このように名古屋市は、有識者や障害者団体に市の方針を説明したり意見を求めたりしていたが、その最中の五月八日に、中日新聞は夕刊で、エレベーター不設置の方針を決定と報道した。また九日、天守閣部会は、木造天守閣の昇降に関する付加設備の方針（案）が報告され、あまり意見も出ずにエレベーター設置せずとの方針を部会として認めた形となった。

　こうした名古屋市の動きに、「人にやさしい街づくりの推進に関する条例」を制定している愛知県の大村知事が、四月一六日の記者会見に続いて、五月一四日の記者会見でも言及し、障害者の人権に関わるとして、木造天守にエレベーター不設置の方針に再考を求めるよう発言した。

　五月一五日の名古屋市議会経済水道委員会。名古屋市議会は前年の二月議会で名古屋城天守木造復元関連の予算と特別会計の設置を認めて以来、名古屋市側が提出する予算案を認めてきたが、障害者や高齢者などに関わるバリアフリー問題がクローズアップされたことで、にわかに盛んな質疑が交わされた。名古屋市側は、新技術を活用して天守に上がっていただきたいと考えている、障害者差別解消法は努力義務であり、新技術の開発を進めることが合理的配慮に当たる、と考えるとの見解を示した。

　五月三〇日に、名古屋市の河村市長は、「今後復元する名古屋城木造天守閣にエレベーターを設置しない」と正式に発表した。そして、河村市長は、六月一三日に、文化庁を訪問し、木造復元への理解を求めるとともに、バリアフリー問題については、エレベーターは設置しないことに決めたと報告した。それに対し、文化庁は、バリアフリー問題は所管外としたが、障害者団体など関係者の了解は求めるようアドバイスした。

名古屋市は、「木造天守閣の昇降に関する付加設備の方針」の中で、基本方針として、「木造復元に伴い、本来の天守閣の内部空間を観覧できるようにする。また、電動か否かによらず、車いすの方が見ることのできる眺望としては、現状一階フロアまでだが、様々な工夫により、可能な限り上層階まで昇ることができるよう目指し、現状よりも天守閣のすばらしさや眺望を楽しめることを保証する」とし、「新技術の開発には、国内外から幅広く提案を募る」「協議会を新たに設置し、障害者団体等当事者の意見を丁寧に聞くことにより、誰もが利用できる付加設備の開発を行う」、再建後は「介助要員、補助具を配置することなどにより、今より、快適に観覧できるようにする」などと謳っていた。

ところが、新技術の想定候補として一一項目があげられた中には、段差を上る車いす型ロボット、車いすに乗ったまま乗降可能なチェアリフトなどとともに、搭乗可能なドローンというすぐに開発するのが難しいものが含まれており、エレベーターに変わる新技術の開発といっても、絵に描いた餅に終わるのではないかとの印象がぬぐえなかった。

こうした見通しがはっきりしない名古屋市のバリアフリー対策に、障害者団体が名古屋城木造天守にエレベーター設置を求めて、六月一九日に、街頭デモ行進を行い、市役所前で車いすの人たちも参加して集会を開いた。

障害者団体が、バリアフリーについて、つぎの七つの基準を提案した。

一、誰もが乗れる
二、誰もが簡単に使える
三、一般の人（健常者）の移動と同じような時間で移動できる
四、たくさんの利用が連続してできる
五、一般の人の移動と対立しない
六、天守閣の最上階まで上がれる
七、怖い思いをしないで乗れる

また「名古屋城木造天守にエレベーター設置を実現する実行委員会」が、翌二〇一九年一月七日、日本弁護士連合会（日弁連）へエレベーターの不設置は障害者の差別だとして人権救済の申し立てをした。七月五日には、名古屋城木造天守にエレベーター設置を実現する実行委員会が、市民署名二万筆を提出。知事宛に県障害者差別解消推進条例にもとづいて救済の申し立てをした。

こうして復元天守に関するバリアフリー対策が課題となっている最中の五月一七日、折から開かれていたサミットの大阪城で開かれたレセプションで、安倍晋三首相があいさつし「（こ

の大阪城を復元するに当たって）一つだけ大きなミスを犯してしまいました。エレベーターまでつけてしまいました」と発言し波紋を呼んだ。歴史的建造物の復元に当たって、もともとなかったものを設置したとスピーチライターが書いた原稿そのままに発言したのかもしれないが、いまは歴史的建造物の復元に当たってもバリアフリー対策は当然配慮しなければいけない。各国首脳はこの発言をどのように聞いただろうか。

一〇月二四日の第三回バリアフリー検討会議。名古屋城木造天守閣の昇降に関する新技術の公募（NAGOYA CASTLE CHALLENGE）は、二〇一九年度に公募し、二〇二〇年度に第一回審査（試作品）、二〇二一年度に最終審査（試作品）を行って優秀作を選び、実用化に向けた開発を継続して、二〇二二年度に実用化することになった。

ところが、二〇一九年八月二九日に、河村市長が、二〇二二年二月竣工の目標を断念すると表明し、バリアフリー新技術のコンペ開始時期は庁内で調整することになった。その後、二〇二〇年には新型コロナウイルス禍も重なり、エレベーターに替わる新技術の公募はなされないままになっていたが、二〇二二年四月に新技術の提案を募り、八月一二日に公募を閉め切って選定が行われた。

いた。

迷走する天守木造復元事業

バリアフリーの課題がまともな議論にならない過程で、木造天守復元の基本計画は迷走していた。

話を一年前に戻す。二〇一八年六月一三日、河村市長は、文化庁を訪ね、名古屋城天守木造復元に理解を求めるとともに、エレベーター不設置の方針を報告したことは前述した。

七月一三日の石垣部会で、木造天守の基礎構造については部会で審議しておらず了承していないとしたが、七月一九日の天守閣部会では、石垣部分を除いて木造天守の基本計画を了承した。名古屋市は、石垣部会の結果をもとに一部修正して、七月二〇日、文化庁に出向き基本計画書を持参したが、受け取ってもらえず提出は見送らざるをえなかった。

七月二六日、河村市長は、再度文化庁を訪問したが、文化庁から名古屋市の有識者会議・石垣部会の了承を求められ、基本計画を提出できないままに終わった。

七月三〇日、河村市長は定例会見で、基本計画を七月中に文化庁に提出することを断念することを表明した。二〇二二年一二月完成を目標に、名古屋市は、七月の文化庁の復元検討委員会の了承を得て、一〇月の文化審議会で特別史跡名古屋城跡の現状変更の許可の答申を得るスケジュールを想定していただけに、スケジュールどおり事業を進められないことが誰の目にも明らかになった。

ところが、河村市長は、九月二五日、名古屋市議会本会議で、二〇二二年の竣工はあきらめないと答弁した。また、一〇月一五日の定例会見では、一〇月の現状変更許可の取得は断念と表明したが、二〇二二年は死守するとの説明にはあくまでもこだわった。

こうした中、九月二一日に「名古屋城天守の有形文化財登録を求める市民の会」一五八人が名古屋城天守閣木造復元に関する基本設計費八億四六九三万六〇〇〇円を市が竹中工務店に支払ったのは違法だとして住民監査請求を行った。

請求によると、名古屋市は「基本設計の段階において、文化庁における『復元検討委員会』の審査を受け、文化審議会にかけられる」ことを仕様書・業務要求水準書で求めているにもかかわらず、いまだに基本計画書を文化庁に提出できず、復元検討委員会・文化審議会にかかっていないままである。また、法同等の安全性について日本建築センター、消防、県、建築審査会との協議も完了していない。したがって基本設計は完了していない。

ところが、竹中工務店は二〇一八年三月三〇日に基本設計図書を納入し、四月二七日に代金を受け取っており、名古屋市の支払いは地方自治法二三二条の四第二項、名古屋市契約規則第五三条に反しているとする。

地方自治法では「支出負担行為に係る債務が確定していることを確認したうえでなければ、

支出することができない」と定め、名古屋市契約規則では「契約代金の支払は、当該契約の目的物についての検査が完了し／必要な手続きを完了したのちでなければすることができない」としており、基本設計は完了していないし、一日で成果物の検査はできないはずなので支払は違法であるとする。

この住民監査請求に関し、名古屋市監査委員は、一一月一九日、全監査委員の合議が整わず、監査の結果を出すことができない「合議不調」との結論を出した。住民監査請求で、監査請求した住民側は基本設計の段階で文化庁の復元検討委員会の審査を経て文化審議会に諮問される必要があるとしたが、市監査委員は現状変更にかかる許可は工事の着手までに必要であるとした。ところが、竹中工務店が二〇一八年三月三〇日に提出した成果物が段ボール箱五箱分もあり、その検査が一日で行われたとは到底考えられないので、検査確認が正当に行われたとは言えないとする監査委員がいて、監査委員として合議が不調に終わったという。

この結果を受けて、木造化の基本設計が完了していないのに基本設計料を名古屋市が支払ったのは違法であるとして、河村市長などに返金を求めて住民訴訟が一二月一七日に起こされた。しかし、二〇二〇年一一月五日に住民側の訴えを棄却するとの判決が出された。名古屋城天守の有形文化財登録を求める市民の会は、名古屋高等裁判所に控訴したが、二〇二二年三月二五日に控訴は棄却された。

4. 奇襲作戦、現天守先行解体⁉

現鉄筋コンクリート天守の先行解体を申請

名古屋城天守木造復元が膠着する中、河村市長は意表をつく行動に出た。

二〇一九年二月一日、河村市長は文化庁を訪ね、村田善則文化庁次長に、名古屋城の木造復元と現天守解体を切り離し、解体を先行させて申請したいとの意向を打診した。

河村市長は、用件をすませた後、文化庁の玄関口でマスコミ各社のぶら下がり取材に応じ、「村田次長から『石垣にダメージを与えない工法が示されれば、受理して可否を検討する』との回答を得た」と述べた。

河村市長が文化庁を訪問すると、その後、玄関口でぶら下がり取材に応じ、文化庁の意向をマスコミに説明するのが常であったが、問題は河村市長の説明が文化庁の意向を正しく伝えているのかどうか、マスコミが十分な裏づけ取材をせず報道することであった。

解体の理由として河村市長は、現鉄筋コンクリート天守の耐震性が低く危険性が高いことをあげているが、木造復元と解体を一体で申請しようとしても石垣の保全方針がまとまっておらず、このままでは二〇二二年末の完成予定に間に合いそうもない。そこで両者を切り離して、九月から解体に取りかかり、完成予定に間に合わせたい狙いがあることは明らかであった。

私は村田次長と、一五年前の高松塚古墳壁画劣化問題以来の面識があり、携帯電話で直接話を聞いた。

河村市長は、まず天守を取り壊し地下の穴蔵石垣の調査をしたい。五月の文化審議会で現天守解体を認めてもらいたいとの意向だった。法律的（行政手続法）には、必要な形式が整っていれば申請を拒否することはできないが、許可するかどうかはまた別な問題。そのことは申し上げたが、それ以上でもそれ以下でもない。実際には検討に足るだけの内容を備えていなければいけない。そのためには地元の有識者会議、石垣部会と全体会議の検討を経たものであることが必要だ。解体だけの許可について判断をすることが適当かどうかは、市の説明をよく聞いたうえで決めたい、とのことだった。

三日後の二月四日の定例会見では、「復元と解体は切り離すが、両方の申請をする。復元は見送られても、解体だけ五月の文化審議会で認められればいい」と、同席した副市長が説明した。ところが、夕方になってやはり「申請は解体だけを単独で行う」と訂正のファックスをマスコミに流すなど、あやふやな説明だった。

現鉄筋コンクリート天守単独先行解体の問題点は、木造天守を確実に復元できる見通しがないまま現鉄筋コンクリート天守を解体すると、解体はしたがその後木造天守は建てられず、天守台石垣のみ残るという可能性があることだ。

解体先行論の理由に穴蔵内部の調査がやりやすくなることもあげられているが、史跡整備のために調査範囲が限られることなど一定の制約の下で発掘調査を迫られることはしばしばあることである。整備全体の見通しをさておいて、穴蔵調査のために現天守を取り壊すというのは本末転倒であった。

にもかかわらず、市議会議員選挙を目前に控えた三月市議会に提案された二〇一九年度当初予算案には、名古屋城現天守先行解体の準備のための構台《こうだい》等仮設工事費九億六一〇〇万円が計上された。解体費二〇億円は解体の許可が出るのを見込んで六月議会に補正予算案を提出すると説明された。また木材の製材一七億一三〇〇万円、実施設計六億九四〇〇万円なども盛り込まれた。

市議会では、これまで名古屋城天守木造復元関連の予算案に賛成してきた会派の議員からも、予定どおり進まない名古屋城木造復元事業にいら立つ質問が出て、「名古屋城解体予算は五月に文化庁から変更許可が出るのであれば、その後でもスケジュールに遅れは出ない」との質問も出た。しかし、名古屋城関連予算案は、三月一五日の市議会本会議で、これまで一貫して反対してきた共産党が反対、自民党は三人の議員が採決を退席したが、提案どおり可決された。

名古屋市議会は、前年二〇一八年七月四日の本会議で、木材購入製材費九四億五〇〇〇万円の契約案件を可決しており、天守木造復元の見通しが立ったとは言えないにもかかわらず、一〇〇億円を超える予算を費やす状況となった。

先行解体は石垣に影響を与えないのか

現鉄筋コンクリート天守先行解体の工事計画は、二月一四日に開かれた天守閣部会に示された。

天守北側の名城公園敷地から外堀に長さ七三メートルの仮設桟橋を設け、大天守石垣天端レベル（標高約二七メートル）と小天守石垣天端レベル（標高約二二・五メートル）の構台と結び、工事車両が乗り入れる。天守閣石垣を取り巻く内堀などに移動式大型クレーンを設置する。石垣や遺構に影響を与えないよう、遺構面に対する掘削や杭などの打ち込みをいっさい行わないべた基礎または布基礎とする。内堀は、軽量かつ耐久性を備えた発泡スチロールを積み重

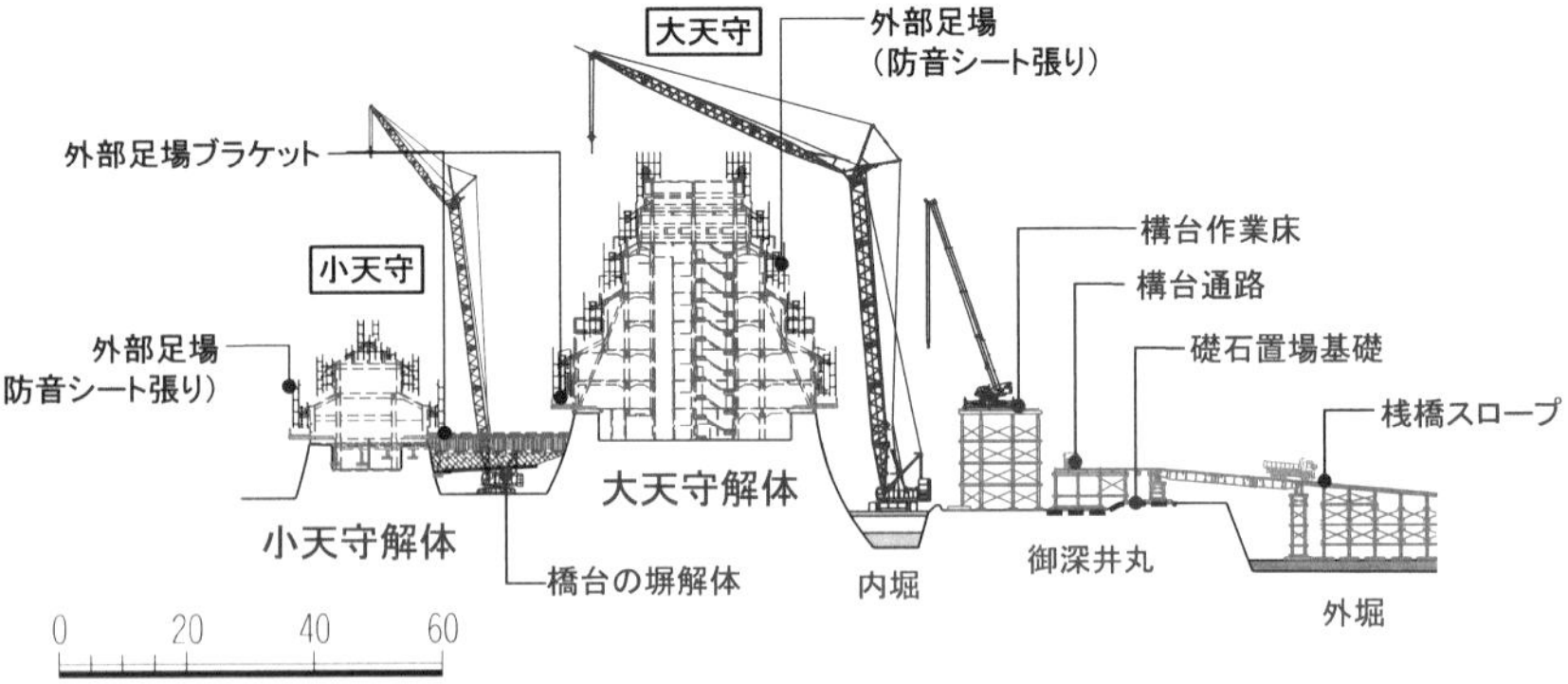

図４　現鉄筋コンクリート天守先行解体の工事計画

ねて盛土するＥＰＳ工法で、天守台対岸の石垣の天端のレベルまで埋め立てる。解体工事の振動で石垣に影響を与えないよう、発生振動の小さいワイヤーソー工法やウォールソー工法のよるブロック解体を行う。以上である（〈図４〉参照）。

天守閣部会では、復元と解体を切り離し、先行解体することの是非をめぐる論議はいっさいなく、提出された議案を了承する、いつもながらの部会であった。

二月二六日、文化庁が名古屋市に、現天守先行解体の申請をするに当たって五項目の留意事項を示した。

一、現天守を解体する理由
二、解体の具体的な工事内容
三、解体・除去工事が文化財である石垣等に影

響を与えない工法であり、その保存が確実に図られること
四、石垣等保全の具体的方針
五、石垣等詳細調査の手順・方法等

の五項目で、三、四、五に関しては石垣部会の意見を付すこととなっていた。

三月二五日の石垣部会。上述したように、掘削やくい打ちをいっさい行わず解体時の振動も少ない計画であり、石垣への影響はないとする名古屋市側の説明に、石垣部会側からは、ボーリング調査による地盤の工学的な検討だけで石垣に影響がないと判断するのは特別史跡の整備の前提を欠いている、歴史的な価値を明らかにしそれを保全できるかどうか考古学的な検討を総合して判断すべきだ、前提を欠いている解体計画を認められない、との見解をまとめた。

この日の石垣部会に先立つ名古屋市との情報交換で石垣部会は、穴蔵の調査のためだけに上物の現天守を解体する必要はないとの見解も示していた。

三月二六日の天守閣部会。石垣部会に工学的な検討ができる委員がいないことが指摘され、石垣の検討に天守閣部会も当たるべきとの意見が出された。また、「もし文化庁が再びストップしたら石垣部会を解体するくらいの覚悟が必要」と、事態がまったく呑み込めていないのか穏当を欠く発言も聞かれた。名古屋市側は、解体の申請に当たって、上記の留意事項四、五に

ついては天守閣部会の検討は求めない、石垣部会の意見を付けて申請するとの考えを示した。

三月二九日の全体整備検討会議。オブザーバーの文化庁の山下信一郎主任文化財調査官（当時）が、石垣の検討は工学的と考古学的な方法を総合して進めてもらいたい、と述べた。この発言からも明らかなように、石垣部会が指摘している名古屋城の石垣の保全対策や調査方法が不十分であるとの認識を文化庁も示したわけだ。

天守閣部会での〝現天守先行解体論〟や〝石垣部会解体論〟がいかに当を得ていないかわかろうというものだ。

二〇二二年に間に合わなければ関係者全員切腹？

二〇一九年度を迎え、名古屋城総合事務所に、名古屋城調査研究センターが設置された。所長は九州大学名誉教授で熊本文学歴史館館長（当時）の服部英雄氏。名古屋市の出身で、文化庁記念物課で文化財保護行政に携わった経験もあり、河村市長とも高校の同窓生である。高校通学時、現鉄筋コンクリート天守を横目にしながら本物は木造天守なのにと思っていたというので、根っからの天守木造復元の支持者である。

名古屋城調査研究センターは、特別史跡名古屋城跡の調査研究が整備の基礎にならなければならないとの文化庁の方針を背景に、専門職員を増員すべきと石垣部会などが強く要求し、実現したものだ。もっとも配置された学芸員は一二人だが、内訳は考古五人、歴史二人、美術工芸と展示が各一人で、嘱託職員が三人である。しかもベテランの考古の学芸員が一年前に退職していたうえ、経験の浅い職員も多いのが実情であった。

新年度初日の四月一日の定例会見で、河村市長は、木造復元が二〇二二年一二月までにできなければ「みんな切腹と。そのかわり私一人では切腹しません。関係者全員切腹です。これが認められなかったら」と発言した。そこで、記者が「職をかけるという意味ですか」と質問すると、河村市長は「そういうことを言うもんじゃないもんで、ちょっと違う表現を使っている」と言葉を濁すのだった。

先立つ三月二九日の全体整備検討会議には、つぎのような「石垣部会のまとめ（試案）」が提出されていた。

一、天守解体の機材を搬入するための仮設構台の下にある石垣の調査がまだ行われていない
二、内堀底面・御深井丸《おふけまる》内側石垣調査がまだ行われていない
三、調査専門職員の人数不足

文化庁が前述したように、内堀の工学的調査だけでなく考古学的調査も必要としていたことから、この石垣部会の見解で先行解体が認められないことは明らかだった。ところが、河村市長は、「石垣部会は誤解がある」として、四月二日、あらためて文化庁を訪ね、「名古屋城天守木造復元に不退転の決意で取り組んでいくので、ご理解いただきたい」と要請するのであった。

そのうえで名古屋市は、四月一八日、文化庁に名古屋城現天守の解体に関し現状変更の許可申請をした。

四月二二日の河村市長の定例会見で、松雄俊憲《としのり》観光文化交流局長が、現天守の解体申請をしたことを公表し、「石垣部会の提案をやり切れていないが、文化庁からの留意事項は事務方としてやり切った。河村市長にあらためて文化庁にお願いに行っていただいて、許可を認めていただきたい」と述べた。

こうした名古屋市の動きに、現天守先行解体が認められることは客観的に見るとありえないことであったが、四月二五日の天守閣部会で、「いまやっているのは木造天守閣を復元するプロジェクト。石垣研究のプロジェクトではない」と事態を認識できない発言が続いた。

木造復元については、現状変更の許可に先立って復元検討委員会の審査が必要だが、現天守の解体申請には復元検討委員会の審査は必要ないとして、名古屋市は、毎月一回開かれる文化審議会文化財分科会に諮問され、許可の答申が出ることを期待していた。

ところが、文化庁は、申請翌月の五月一七日に開かれた文化審議会文化財分科会に申請の是非を諮問したかどうかさえ、有識者の静謐な審議を妨げかねないとして明らかにしなかった。

こうした中、地元の中日新聞が、六月一二日朝刊の社説で「まず解体は乱暴だ」と訴えた。六月二一日に開かれた文化審議会文化財分科会では、申請の是非について文化財分科会の下部の第三専門調査会で調査する必要があるとして、正式な議題にはならなかった。

その旨、文化庁の担当者から市に連絡があり、それを受けて、河村市長が、つぎの趣旨のコメントを出した。

解体工事の着手にさらなる遅れ生じるので、工期の見直し含め、天守閣木造復元の実現にむけ、竹中工務店、文化庁、地元の有識者と協議を進めたい。

二〇二二年末の目標が実現できないことは明白になった。

六月二四日、市議会経済水道委員会で、浅井正仁《まさひと》市議（自民）が文化庁から先行解体の現状変更許可が出なかった責任を追及し、申請を取り下げてはどうかとただした。しかし、河村市長は、「二〇二二年一二月竣工はあきらめない」とこだわるのであった。

同日、愛知県の大村知事は定例会見で、天守木造復元事業が難航していることを取り上げ、文化庁と名古屋市の仲介をしてもいいと発言。この後、事あるごとに確たる見通しもなしに進めたことに問題があるとの発言を繰り返した。

もともと自民党の国会議員だった大村氏が愛知県知事選挙に転出するに当たって河村市長のはたした役割は大きく、蜜月時代もあった。ところが、いまやたもとを分かって冷戦状態に入っており、あいちトリエンナーレの展示中断問題をめぐって対立が激化、大村知事のリコール運動がおこると河村市長がその支援にまわるなど決定的な対立を招いている。

六月二六日の名古屋市議会経済水道委員会。名古屋市は、すでに木材について竹中工務店と九四億五五四〇万円の購入契約をすませ、二〇一九年三月末現在、約二二億円を支払いずみだった。

浅井市議は、「名古屋市と文化庁とのやり取りをめぐる文書が黒塗りばかりではないか」とただし、追い打ちをかけるように渡辺義郎市議（自民）が、「黒塗りの中には、『文化庁から二〇二二年一二月はダメだ』と言われたとはっきり書いてあるから出せないのではないか」と追及。「六月補正予算案に提案されていた材木の保管庫を名城公園に設置する案を取り下げるべきだ。暫時休憩して、検討してほしい」と要求した。松雄観光文化交流局長が、「局長として、議会の議論を市長に伝え、予算取り下げができないか進言したい」と引き取った。

その後、委員会が再開され、河村市長は以下のコメントを出し、木材保管庫の予算案を取り下げた。

去る六月二一日の文化審議会の答申は得られておりませんが／文化庁からは、できるだけ速やかに結論を得たい旨の発言をいただいていると伺っております。

また、今定例会における委員会での議論を重く受けとめ、今後、竹中工務店、文化庁、地元の有識者と協議を進め、あらためて再度ご提案してまいりたいと考えておりますので、いったん延期させていただく趣旨で議案を取り下げさせていただきたいと存じます。

七月一一日の天守閣部会。文化審議会文化財分科会で先行解体が継続審議となったのを受けて、名古屋市は工程の見直しを含め協議したいと諮った。

古阪構成員は、「名古屋城の復元は、市議会で認められて、それをできるだけ早くというわりには、文化庁、石垣部会のスピードが遅い。きっちりと進めるべくやっていただきたい」と訴えた。

瀬口座長は「認識の違いが一番問題だ。調査は手段にしかすぎない。石垣部会と市は認識を一致させるというが、『認識の違い』というのはどういうものか」とただした。村木誠名古屋城調査研究センター副センター長は、「認識の違いは、○石垣の現状把握、どこまで調査すべきか、○把握した上で、どういう手順で修復保全を進めるのか、○天守閣の復元事業の順番(の三つだ)。石垣のどんな調査が必要かできるだけ早く合意したい。修理は何をするのが優先か、合意が必要だと考える」と説明した。

瀬口座長は「とっても時間がかかる作業ですね」と嘆息するのであった。

天守台石垣の整備よりも天守木造復元工事を先行させることを前提とした技術提案・交渉方式のプロポーザルで事業を進めようとしたこと自体に問題があるのではないかとの指摘が肯《うなず》かれるのではなかろうか。

八月五日の石垣部会。会議の冒頭、四月に設置された名古屋城調査研究センターの所長に就任した服部英雄氏が、年来の思いである名古屋城の天守木造復元のために人柱になる覚悟だと挨拶した。「人柱になる覚悟だ」との発言は、著者が報道席で直に聞いたが、議事録には載せられていない。現代の価値観では穏当でないとされ載せられなかったのだろうか。

この日の部会では、二〇一九年度に必要な調査計画の見通しをつけたいとして、穴蔵石垣の調査についても審議するよう求めたが、石垣部会としては文化庁が認めた範囲内でしか調査の検討をしておらず、天守台と周辺石垣の保全のための調査をしているので、天守木造復元を前提とした穴蔵調査はまだ検討する段階ではないとして退けた。服部所長が、それは困ると訴えたが、石垣調査に関してはこれまでの経緯をふまえてやっているとして、北垣座長は取り上げなかった。

二〇二二年末竣工目標を断念

こうして八月二九日、河村市長は、夕方に急遽記者会見を開き、天守木造復元の竣工時期二〇二二年一二月を断念することを表明した。

市長コメントによると、現鉄筋コンクリート天守の先行解体申請が文化審議会で継続審査されており、いまだに現状変更の許可の見通しが立っていない。したがって、竹中工務店が時期達成は厳しいとの見解を示していることを断念の理由にあげた。

文化庁が有識者会議、とりわけ石垣部会との合意を図るようアドバイスしているにもかかわらず、竣工目標を優先して事を進めようとし、思いどおりにいかないと、文化庁や石垣部会との協調をめざすと繰り返すだけで、とうとう二〇二二年末の竣工を断念すると表明せざるを得なくなったのである。

しかし、事業そのものは継続し、現天守の先行解体の申請も取り下げない。木材の購入も続けるとした。とはいえ、これまで二〇二二年末竣工を前提に市議会に予算の議決を求め、基本設計・実施設計費や木材購入費の支出をしてきただけに、竣工時期の断念は事業そのものの行き詰まりを印象づけるものと波紋を呼んだ。

河村市長は、この事態を打開するため、クリアすべき調査・検討課題として、「文化庁から示された確認事項の内容を踏まえ、(工事用の仮設構台を設けるための)内堀や御深井丸の地下遺構に関する発掘調査、(木造天守の基礎の)大天守台石垣の孕み出しや石垣背面の空隙の有無に関する検討」をあげ、「石垣部会との関係を構築し、石垣部会の方針をまとめ、文化庁とも調整を図るよう担当局長に指示」したとする。そこで、市長みずからも必要に応じ、直接、石垣部会など関係者との協議に臨んでいきたいとした。

新たな竣工時期について河村市長は、具体的な時期は示せず、記者の質問に関して、「リニア新幹線が開業する二〇二七年まではかかりませんよ」と答えた。

また、記者から「市長は切腹するのか」と問われると、「一人では切腹しません。関係者全員切腹です」と答えるのであった。

九月一八日、市議会本会議で解体許可の見通しがつかないことについて問われ、松雄観光文化交流局長は「文化庁は解体と復元は一体として申請が望ましいと考えている」と答弁した。

九月二〇日、市議会経済水道委員会。会議の途中、特別に河村市長に出席を求め質疑が行われ、河村市長は「文化庁の責任ある方から、解体と天守の復元を同時にやられてはどうですかと話があった。解体申請は取り下げない。石垣部会と話をまとめることを全力を挙げて取り組もうとしている」と答弁した。

しかし、文化庁の意向について、松雄局長は、「実は市長も文化庁の責任者の方といろいろやりとりをしているんですけれども、やはりその指示を私ども市長から承って処理をしとるもんで／私どもが正直直接文化庁から聞いて、こういうやり方が是というふうにしているわけでは正直ございません」と答弁しており、文化庁の意向がストレートに名古屋市の当局に伝わっているのかどうか疑念はぬぐえないのであった。

一一月五日の定例記者会見で河村市長は、前日、河村市長と石垣部会の懇談会を非公開で開いたことを明らかにした。

河村市長は、石垣部会には、木造天守復元を一緒に考えていこうと言った。相談しながらやっていこうとなった。これからは連絡を密にしてやっていきましょう。木造復元も入れてやっていこうとなった。皆さんでそうだとなった、と説明した。

一一月二八日に開かれた市民向け説明会で、河村市長は、この説明会に個人的に参加していた千田奈良大学教授（石垣部会構成員）を観客席から壇上に招き、握手したうえで千田教授に挨拶をしてもらうなど〝和解〟を印象づけようとした。

千田教授は個人的には天守木造復元に反対はしていなかったが、名古屋市のやり方が文化財保護行政上の手続きに反しているとして、その非を厳しく指摘してきただけに、まさに〝和解〟を印象づけるようにも見えた。

前述したように、一一月五日の定例会見で河村市長は木造復元も入れてやっていこうとなったと説明しており、それが事実だとすると、石垣部会が、これまで文化庁が認めた範囲でしか検討はしないとしてきたことから一歩踏み出したことになる。それについて北垣座長に電話で確かめてみた。北垣座長は、石垣のことを尊重する、石垣部会の審議を尊重するとの意で、天守木造復元を前提とすることを確認したのではない、とのことであった。

新工程表は、〝二〇二八年〟竣工？

天守木造復元事業が行き詰まり、河村市長が二〇二二年一二月の竣工目標を断念したことで、新たな竣工時期がどうなるのかに関心が集まった。

二〇二〇年二月一日の全体整備検討会議。この会議に新たな竣工時期を二〇二八年とする案を諮る予定で、名古屋市側は準備を進めてきたが、河村市長が長くかかり過ぎるとして反対し、議題に出せなかったという。

その後、二月二三日に朝日新聞が、「木造天守　二〇二八年一〇月完成案　河村市長『反対せぬ』」と報道した。それに対し、河村市長は以下の要旨のコメントを出した。

・あたかも二〇二八年一〇月竣工時期が確定しているかの報道がなされた
・二〇二八年一〇月案が含まれていることは否定しない
・事務方にはさらに調整・検討するよう指示を出している。この時期に目標とする竣工時期を申し上げる段階にない
・早く市の案を固め、全体整備検討会議にお示しし、部会の意見も伺いながら最終的に竣工時期を決定したい

先行きを見通せない特別史跡名古屋城跡の天守木造復元事業。こうした中の二〇二〇年三月二日、特別史跡内で石列の棄損事故が起きた。西の丸に完成した重要文化財等の収蔵庫の外構工事で、米蔵が存在した場所を表面表示するための基礎工事中、表土を削っていたバックフォーで石列を二〇メートルあまりも棄損した。近くにいた学芸員は他の作業をしていて、一時間あまりも気づくのが遅れた。

報告を受けた文化庁は、特別史跡の管理団体である名古屋市が整備にともなう工事で棄損事故を起こしたことをきわめて重く見て、原因究明と再発防止策の策定などを命じた。

三月三一日の全体整備検討会議。毀損事故で壊された遺構は、米蔵の壁の基礎で、柱がのる正方形の礎石が並び、その間の土壁の基礎は間知石《けんちいし》と呼ばれる方錐台形の石を横倒しにして並べた石列とのこと。天保期の全国的に類例のない遺構であり、そうした貴重な遺構であることが学芸員にもわかっていなかったのではないか、十分な発掘をせず文献をもとに整備場所を決めている、現状変更の申請や整備計画について有識者会議に諮っていない、と指摘された。名古屋城調査研究センターと市教育委員会の連絡の不備などさまざまな問題が指摘されているが、整備を先行させ、調査研究の成果をもとに特別史跡の整備を進めなければいけないとの根本的な認識が欠けているのではないか、との厳しい指摘もされた。

その後、石列毀損事故の再発防止策については、名古屋市が中間報告を文化庁に報告し、再発防止策を提出した。毀損箇所を発掘調査して復旧工事をすることになった。

そして名古屋城跡における埋蔵文化財について検討する部会が明確でなかったことから、以後、石垣部会に諮り、同年四月一日から名称を「石垣埋蔵文化財部会」（以下、石垣埋文部会と略）に改称することになった。新たに梶原義実《よしみつ》氏（考古学、名古屋大学大学院教授）が構成員に任命された。

さて、二〇二〇年三月二一日の石垣部会。木造復元と石垣整備の前後関係が課題となる中、最大の課題は天守台石垣北面の孕み出しだった。孕み出した築石の裏側に空洞があれば崩落の危機を抱えていることになるので、天守の整備の前にきちんとした対応が必要になる。空洞がなければ市側が希望するように、応急措置をとったうえで天守の整備に取り掛かれる可能性も出てくる。

ところが、天守台石垣北面の孕み出しについては、目視などによる調査だけでは背後に空洞があるかどうかははっきりせず、レーダー探査を行ってきた。その結果、問題になるような空洞は見られないと報告された。それに対し孕み出しは、下部が慶長の築城期、上部が宝暦の修復期の双方にまたがり、下部の地山と上部の盛土との境目に地下水が浸透している可能性が指摘された。

そうしたことから応急的な対策は必要だが、天守台石垣を解体修理までする必要はないとの見方が構成員の大方を占めていることがうかがえた。

また、天守台石垣の石には、表面が空襲の際の被熱で傷んでいるものが多く、天守解体工事の際に現状のまま石垣にシートをかぶせ堀に土を入れ、その上に構台など設置すると、土圧で石の表面の損傷が進み、土を取り除いた際に表面が剝落する恐れがあることが指摘された。事前の剝離防止の対策は避けられないとの指摘であった。名古屋市が先行解体の申請をした際に、その点はふれられておらず、調査が十全ではなかったことがあらためて明らかになった。

さて、二〇二八年竣工の「新たな工程の素案」では、これまでは竣工時期をあらかじめ設定し、それに合わせて手順、工期を想定してきたが、今度は、そうではなく文化庁や有識者会議などから指摘されたことを織り込み、積み上げて、手順、工程を想定したとのこと。

これまでの工程表では、木造復元の申請が受け付けられた後、復元検討委員会の審査は一回だけで終わると想定されていたが、今回の素案では、五回分、二年半が見込まれている。本丸御殿は三回、一年半かかっており、それを参考にしたとのことであった。さしたる根拠はなく、腰だめの数字のように見えるが、これまで文化庁に何回もダメ出しをされてきたにもかかわらず名古屋城総合事務所が具体的な数字を出そうとしたことは、水面下で文化庁との間で何らかの交渉があり事態を打開できる感触を得ていたとみるべきだろう。

松尾局長にその点を聞いてみたら、二〇二八年という数字に意味があるというより、工程、手順が成り立つかどうかをまず図ることが先決だと、二度と過ちは犯せないとの慎重な説明であった。

5. 石垣補修と基礎構造の見直し

いまだ決まらない木造天守の基礎構造

事業が行き詰まっている中で名古屋市は、二〇二〇年三月四日の市議会本会議で、二〇二八年一〇月竣工の新工程表案を示すとともに、木造天守基礎構造の「跳ね出し架構」は見直すと明言した。

現鉄筋コンクリート天守は、焼失前の木造天守にくらべ重量がかなりあるので、天守台内部に構築されたケーソンで穴蔵床面のマットスラブを支え、その上に建てられている。荷重を石垣にかけないように吊り構造を採用し、その荷重はすべてケーソンで支えている（五九ページ、図2参照）。

木造天守復元にあたって竹中工務店は、穴蔵床面のマットスラブを穴蔵石垣と外側の石垣の間まで設け、鉄筋コンクリート製の壁と片持ち床板を一体として設置する「跳ね出し架構」を基礎構造に採用するよう提案していた〈図5〉。この跳ね出し架構では、工程上、江戸時代以来の石垣をいったん取り外して積み直すことになり、遺跡破壊になると石垣部会は反対してきた。文化庁も、天守解体および復元にあたって、石垣を傷つけない案を示して有識者会議の了解を取り付けることを条件にしていたので、跳ね出し架構の代替案が懸案となっていた。

二〇二〇年九月二五日の全体整備検討会議で、木造天守の基礎構造の検討の考え方について、名古屋市側が以下三点を示した（以下、九月会議案と略）。

・文化財である天守台石垣に荷重をかけない基礎構造とする。
・文化庁が定める『史跡等における歴史的建造物の復元等に関する基準』にある「本質的価値を理解する上で不可欠な遺跡の保存に十分配慮したものであること」を遵守する。
・天守台石垣等遺構の保存を前提としたうえで、史実に忠実な復元を行う方針とする。

その考え方にもとづき、跳ね出し架構の外周部の穴蔵石垣内の跳ね出しコンクリートは取りやめ、現代工法による構造架構を付加するか、あるいは木造架構の一部を現代工法に置き換えることにより入側部（天守中央部周囲の通路上の部分）を支持する二つの基礎構造の検討案を

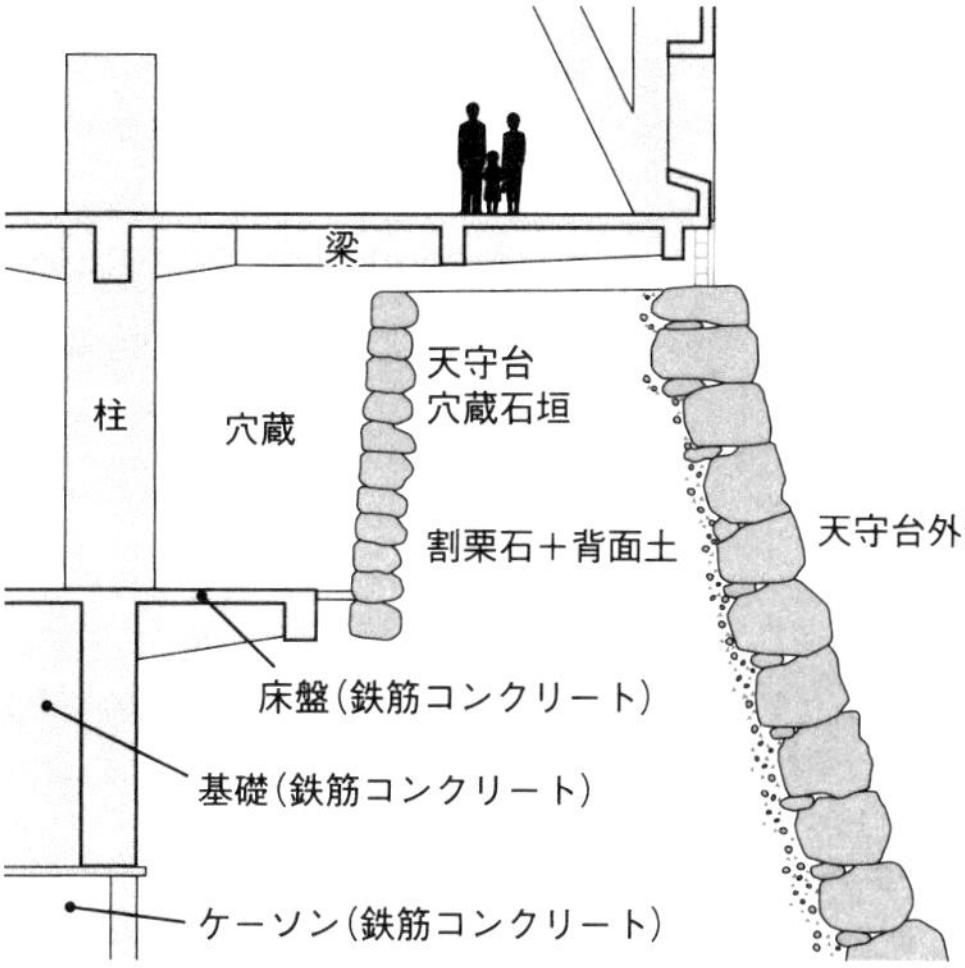

【現天守閣】

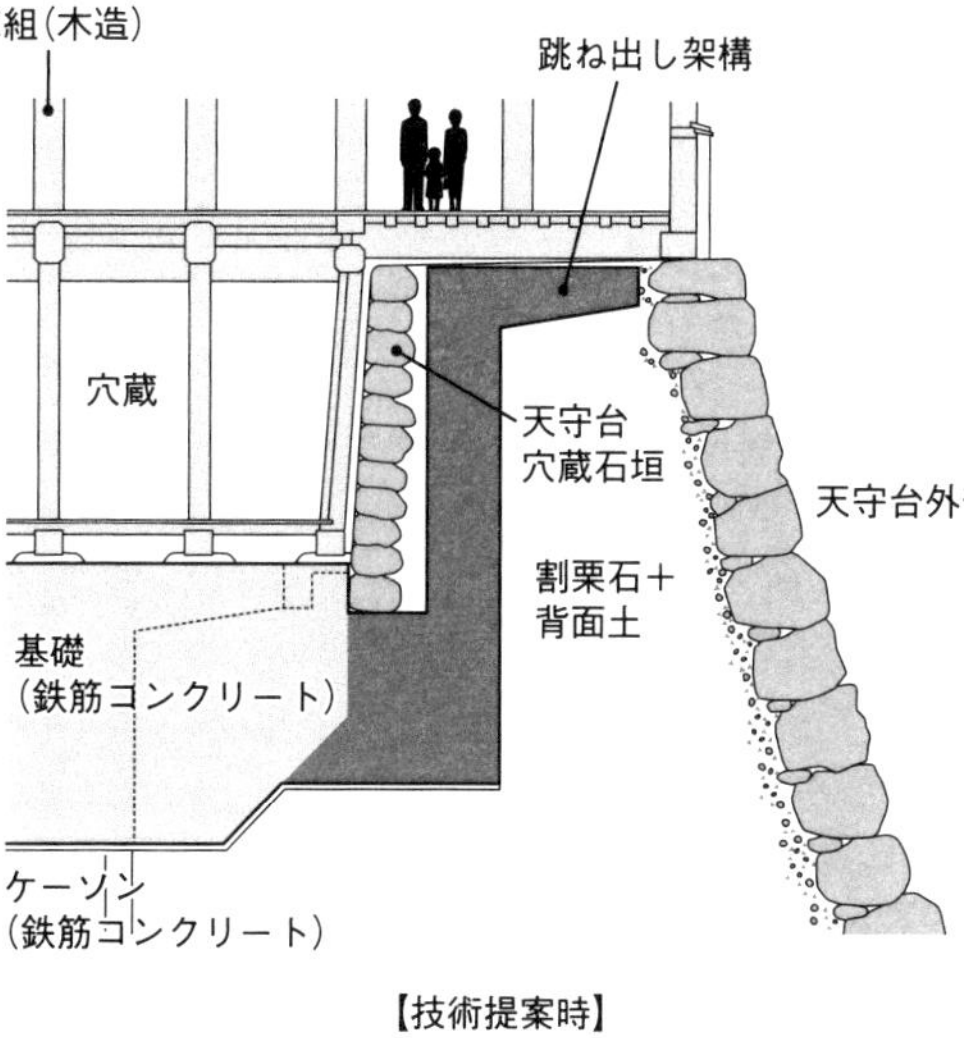

【技術提案時】

図５　跳ね出し架構

イメージ図とともに示した。

こうした基礎構造の代替策を具体的に検討するため、天守閣部会と石垣埋文部会の双方から構成員を選んで「調整会議」を設け意見を聞くことになった。両部会のすれ違いが続いているだけに、双方にまたがる調整会議での議論で溝が埋まり、新たな基礎構造を決定できるか注目された。

また、全体整備検討会議に近世史の研究者がいなかったため、文化庁のアドバイスも受けて藤井譲治氏（京都大学名誉教授）が構成員に任命された。

一〇月二二日の全体整備検討会議。天守木造化の成否のカギともいえる「基礎構造の検討の考え方」について、名古屋市は、前回の全体整備検討会議で示した案を変更し、新たな考え方として、以下の四点を示した（以下、一〇月会議案と略）。

・観覧者の安全の確保を第一とする。
・木造復元天守は、天守台石垣で支持しない基礎構造とする。
・文化庁が定める『史跡等における歴史的建造物の復元等に関する基準』にある「本質的価値を理解する上で不可欠な遺跡の保存に十分配慮したものであること」を遵守する。
・天守台石垣等本来の遺構の保存を前提としたうえで、史実に忠実な復元を行う方針とする。

天守基礎構造検討の考え方は、九月会議案と一〇月会議案の双方の案に、文化庁が定める「史跡等における歴史的建造物の復元等に関する基準」にある「本質的価値を理解する上で不可欠な遺跡の保存に十分配慮したものであること」を遵守する、天守台石垣等本来の遺構の保存を前提としたうえで、史実に忠実な復元を行う方針があるので、「遺跡・遺構の保存に十分配慮した」考え方は変わっていない。

一〇月会議案では「文化財である天守台石垣」がなくなり、「観覧者の安全の確保を第一とする」が第一にあげられている。大地震による災害が相次ぐ中で安全性をとりわけ重視しなければいけないということだろう。

問われる河村市長の天守木造化

河村市長の〝奇襲作戦〟と言える、現鉄筋コンクリート天守の先行解体申請に対し、文化庁は、解体だけでなくその後の整備が予定されているのであれば、一体として検討する必要があるとして、その整理を求めた。そのため、先行解体申請も二〇二一年七月二七日、取り下げざるを得なくなった。

しかし、文化庁の指示にしたがって、天守台周辺石垣や堀底の考古学的調査は着実に進められていったし、基礎構造の検討を残したままではあるが、木造天守の設計も二〇一八年七月段階ですでに行われていたので、現天守解体と天守木造化を一体とした天守整備の基本計画をまとめられる見通しが出てきた。

ところが、ネックになるのは穴蔵石垣背後の発掘調査で、その上部に現鉄筋コンクリート天守があるため、専門職員が狭い場所に潜り込んできわめて限定的にしか調査できないことであった。穴蔵石垣の内部に跳ね出し架構を設けることは見直すことになっていたが、穴蔵石垣背後の調査が十分にできなければ、特別史跡の本質的価値をもつ根石や江戸時代からの土がどの程度残っているか明らかにできないので、基礎構造の検討に必要な資料を十分得ることができないからだ。

このネックを解消するような情報が、思いがけずもたらされた。その情報の内容は、文化庁は、解体とその後の整備を一体とした基本計画を求めているが、十分な調査検討を経たうえで基本計画が提出されれば、解体後の整備の内容は巨大な木造天守の復元であるので、現天守の解体に並行して、穴蔵石垣背後の詳細調査も実施できるような配慮をする可能性も考えているとのことであった。

それによって、基礎構造の見直しにいくつかの検討例を考えておいて、穴蔵石垣背後などの詳細調査を行ったうえで最終的に基礎構造の見直しを決定する見通しが開けた。

そこで、一二月一〇日の全体整備検討会議で、松雄観光文化交流局長は、一六日の副市長就任を前に「天守木造化復元原案を令和四年（二〇二二）度末を目途にまとめたい」とあいさつした。しかし、名古屋城天守先行単独解体の申請や文化庁の指摘事項、単独申請の取り下げなどの経緯が名古屋市からも文化庁からもいっさい説明されないこともあり、市民は事情がまったくわからない事態が続いた。

名古屋商工会議所の山本亜土《あど》会頭が、二〇二二年八月一九日の記者会見の中で、「耐震問題を理由に城が閉鎖され長期間入れないのは異常事態。河村市長が断片的に説明することは眉唾物と思っている市民も多い」と批判した。それに対し、河村市長は、八月二二日の定例会見で、「早く造って名古屋の宝にしたい」と釈明し、同席した松雄副市長が「令和四年度中に基本計画をまとめるので見ておいてほしい」と強調した。

二〇二三年三月七日の二月定例市議会本会議。天守木造復元の見通しを聞かれ、松雄副市長が、天守台の穴蔵石垣は戦後の積み直しで本来の構造や安定性を有しておらず、大地震で安全性を担保できないので、石垣の修復と木造天守の復元を一体として検討する必要があるとの見解を示した。

そのうえで、三月一四日の市議会経済水道委員会で荒川宏天守閣整備担当主幹が、「二〇二三年度には文化庁の復元検討委員会で議論いただこうと考えている。おおむね二年とか二年半かかると感じている。その後現状変更許可で、その後木造天守の完成には六年半ぐらいかかると思う。なので、二〇二三年度からスタートしたとして約九年かかる。ある程度順調にいくと二〇三二年度」と述べた。

これについて、河村市長は、三月二〇日の定例会見で、「二〇三二年度はわしも副市長も知らなかった。市としての確定見解ということではない」と述べ、また市当局との認識の差が露呈するのであった。

さて、肝心の整備基本計画であるが、三月一七日に開かれた石垣埋文部会に、石垣の保存方針の資料が提出されたが、もう一つの案件の議論で時間切れとなり、議論は次回に持ち越された。一方、基礎構造の考え方や検討例については、後述するように、二月二二日の天守閣部会で了承され、二四日に開かれた全体整備検討会議に提出された。その結果、同会議で、第2章でふれた石垣保存問題や第3章でふれたバリアフリー問題を除いた整備基本計画案が了承された。

こうした経緯を経て、整備基本計画の策定は、二〇二二年度中、つまり二〇二三年三月中にはまとまらず、二〇二三年度に持ち越されることになった。

石垣の保存と補修・補強法

次回の石垣埋文部会は二〇二三年五月二八日に開かれた。

同部会では、本丸西北部の御深井丸側や西の丸側の内堀石垣、外堀側の鵜の首石垣が濃尾地震（一八九一年〈明治二四〉）後の積み替えなどで変形が進んでおり、来城者の動線に面しているので早急に復旧（修理）が必要なことが指摘された。また、穴蔵石垣は、空襲による天守焼失後と現天守再建時の積み直しで状態が悪く、入城者がすぐ横を通るので、安全対策には特に気を配る必要があるなどが指摘された。とはいえ、整備基本計画案の「第二章　石垣等遺構の保存」全体についてはこの日の指摘をふまえて字句を修正し、構成員にもちまわりで了承を得たうえで全体整備検討会議にはかることを部会として認めた。

全体整備検討会議は、六月一二日に開かれ、後述するように、バリアフリー対策を除いて「特別史跡名古屋城跡木造天守整備基本計画」が了承された。

石垣の保存策は、第2章でふれたように、特別史跡名古屋城跡の本質的価値に関わる要素であるが、木造天守の復元に関連して最も大きな調査検討事項は、大天守の天守台石垣には北面に孕み出しがあり、天守木造復元にともなって天守台石垣の全面的な積み直しが必要かどうかであった。

この孕み出しについては、栗石の緩みが見られるものの大きな空洞などは生じていないとの観察結果が、調査途中の二〇二一年三月二五日の石垣埋文部会に報告されていた。部会として正式に了承したわけではないが、全体として解体修理は必要なく、部分的な補修・補強で対応できるとの見通しが出てきた。構成員の中から、「大天守の天守台石垣は加藤清正が築き、宝暦大修理に積み直されたもので、解体修理すると元通りに復元することは難しいので避けたい」との意見も出された。

その後、築石背後の栗石の状況を探るため縦横各方向への詳細なレーダー探査を行った結果や測量調査、日常的なモニタリングでも、石垣面に一定方向の動きはない、つまり安定していることが確かめられている。

石垣の石材は、一石ごとに傷み具合を調べて、必要な場合、修理、つまり部分補修・補強をする必要がある。

その手法としては、被熱による劣化（割れ、剥離）は樹脂等を注入して固定し、必要に応じてピンなどを打ち込んで固定する。劣化が面的におよぶ場合には、新補石材を補充する手法や面的に樹脂等を塗布する方法もある。新補石材は、できれば元の石材と同じ産地の石材を探さねばならない。

築石と築石の間を埋める間詰石《まづめいし》が抜け落ちているところは、背面の隙間を栗石で埋め、間詰石を補充する。隅角石は長大な石材を算木積みにしてあり、荷重でほぼすべてに縦に割れが入っているところがあり、なかには割れが貫通して落下の可能性もある。それらの角石は、亀裂を注入材で埋め、表面を樹脂、繊維等で補強する。

また、石垣が前面に押し出してくる恐れがある場合には、石を詰めた蛇篭《じゃかご》や土嚢を石垣前面に設置し補強する場合もある。

以上のような石垣の部分補修・補強を、解体・復元工事にともなって施す必要があり、そのうえで来城者の安全を確保する必要があるので、大天守の天守台東面等は石垣沿いが見学者の動線になるのでネットなどで固定するよう検討する。また、石垣からできるだけ距離を離して見学の動線を確保、場合によっては現在の動線を見直す必要がある。

こうして石垣の保存方針はまとまったが、一二月二二日の全体整備検討会議で、天守台北面の対岸石垣の保存対策を具体的に審議するにあたって異論が出された。

天守閣部会の構成員でもある麓構成員が、ピンで固定する対策が必要なほどの厚い剝離がある石材はないのではないか、四〇年前に樹脂系の接着剤を使い表面の傷みを隠す擬石処理をしたことがあるが、経年変化で変色しかえって見苦しくなったなどと意見を述べた。同じく天守閣部会の三浦構成員も、樹脂系の接着剤の劣化を指摘するとともに、間詰石は、石の加工の仕方、入れ方、築石との関係などを含め元に復さなければいけない。また築石と裏込めの栗石・

砂利層を一体化させ安定性を向上させるために築石の隙間に鉄筋補強材を打ち込む対策は、鉄筋の劣化や錆びた汁による汚染もある。その石垣は観覧者の動線近くにあるので安定性向上のためやむを得ず認めてもいいが、天守台石垣でやるなら断固反対する、と述べた。

それを受け瀬口座長が、エポキシ系樹脂は使わないほうがいい、「石垣等遺構の保存」の文案を書き直してもらいたいとまとめた。

そのため、再度、石垣埋文部会の意見を聞き、全体整備検討会議を開いて最終案を確定することになった。

樹脂系の接着剤の使用については、石垣埋文部会のオブザーバーとして参加している石垣修復の実務者から、これまでの施工例から問題があることなどの指摘もあり、石垣埋文部会がまとめた方針でも、現代工法や材料も取り入れる場合には実情に応じて検討するとなっている。そういう点では意見の対立とまではいかないが、双方の意思疎通が十分でなく、かつての両部会のすれ違いが克服しきれていないように思われる。

二〇二四年一月一六日の石垣埋文部会。名古屋市側から、二〇一七年度から始めた石垣カルテの作成がほぼすべての石垣で終わったと報告があったが、宮武構成員が、石垣カルテをつくった後、保存方法をどう進めていくかが課題だ、島原城をはじめ「守る会や歴史愛好会」など市民参加で進めているところもある、とアドバイスした。

またこの日の石垣埋文部会では、一月一日に能登半島震災がおき七尾城や金沢城の石垣が崩壊する被害が出たばかりであり、過去の東日本大震災で仙台城の石垣が、熊本地震で熊本城の石垣が崩壊した例も引き合いに出され、震災で崩れるのは明治以降に手が加わった石垣であることが指摘された。その原因について、西形構成員が、近現代に積み直した石垣は築石の控え（奥行）が短いものが多いことや石垣は時間がたつにつれ強くなっていくので新しいものは弱いのではないかなどさまざまな考えが出されていることを紹介した。それをふまえ、宮武構成員が、名古屋城でもいち早く明治以降の石垣を色分けし対策が望まれると指摘した。

石垣の診断マニュアルについて文化庁が検討を進めており、二〇二四年度中に公表されるのではないかと、西形構成員が紹介した。

基礎構造の見直し

先にふれたように、天守木造化の基礎構造については、当初の竹中工務店の案では、天守台に打ち込まれたケーソンを流用し、その上に巨大なお盆のようなコンクリートの跳ね出し架構を設けることになっていた。ところが、その造成工事に当たって、穴蔵石垣と外面石垣の上部をいったん外さなければならず、特別史跡の本質的価値を壊すことになるとして見直すことになった。

天守台石垣は特別史跡名古屋城跡の本質的価値を構成する要素だが、穴蔵石垣は空襲による天守焼失後の戦後の修復と現天守復元時の二度にわたって積み直されており、これまでの調査で、石垣の背面には土砂などが多く混入していることがわかった。そのように本来の構造や安定性を有していないので、大地震の際に安全性を担保できないとの認識が有識者の間で強まっていた。

二〇二三年三月二二日に開かれた天守閣部会で、名古屋市から、天守台の穴蔵石垣と木造天

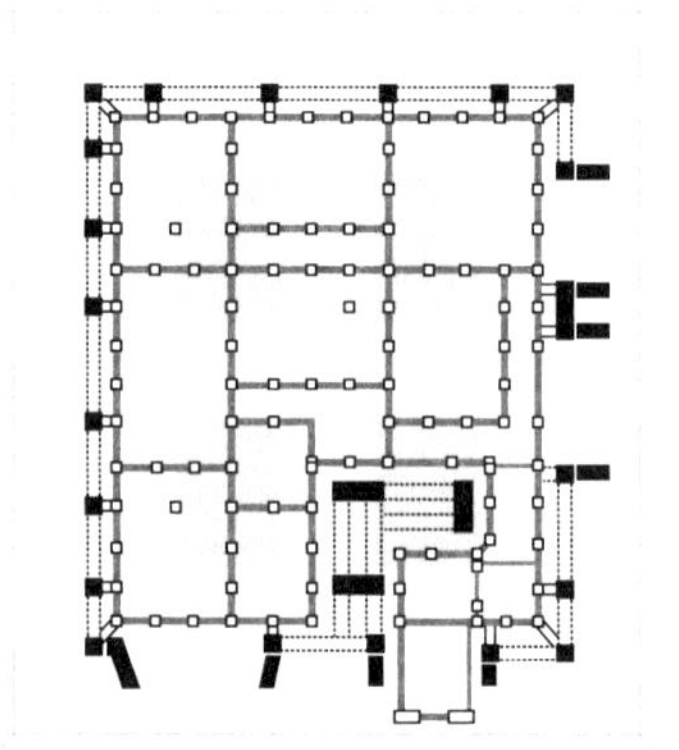

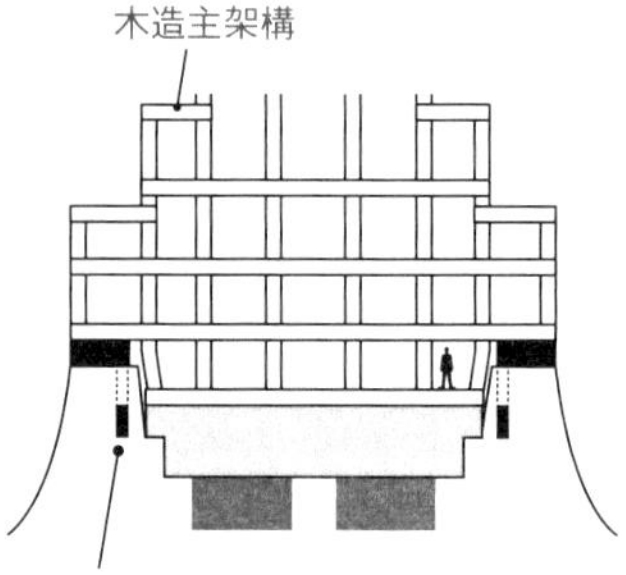

例C　石垣内に鉄筋コンクリート柱を設置する案

戦後に石垣を解体して組み直した範囲に限定して、鉄筋コンクリート柱(■)を設置する。

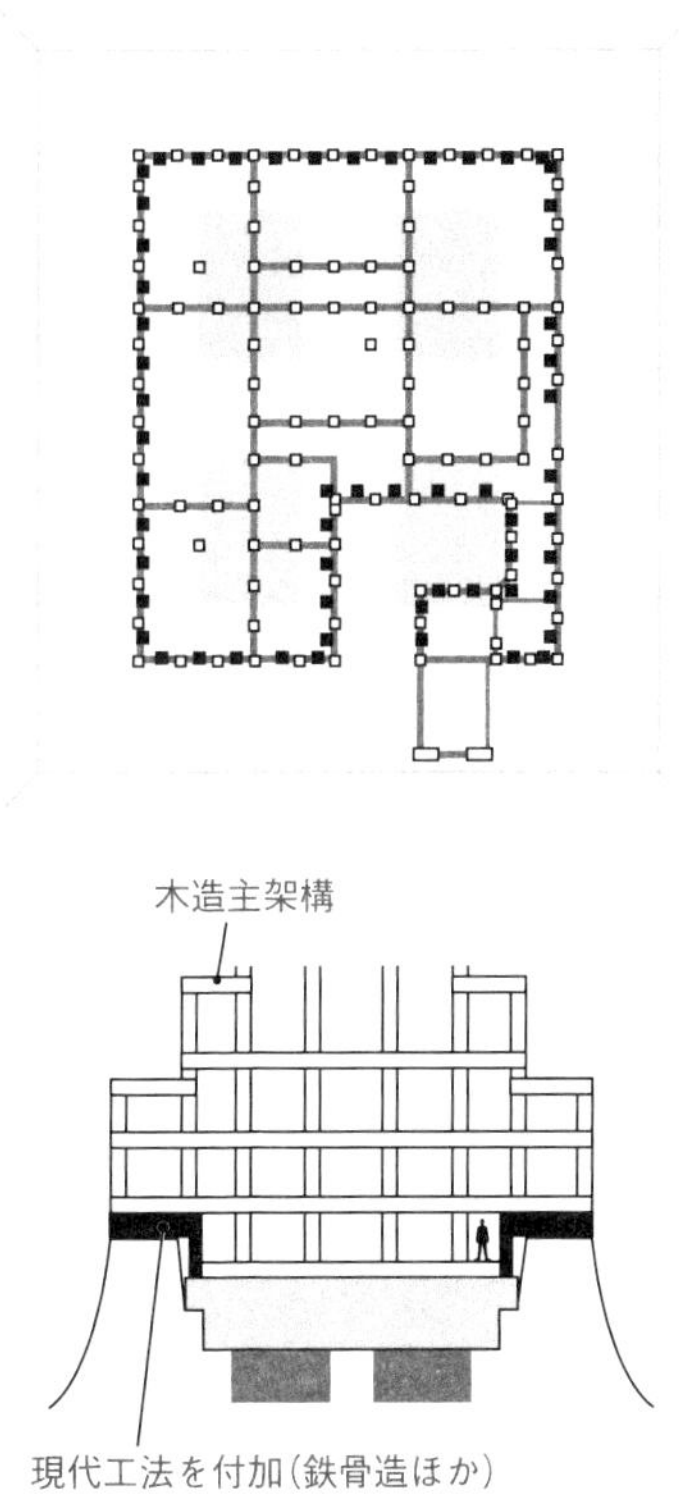

例A　鉄骨柱を付加する案

もと柱があった位置に柱（□）を復元し、さらに復元柱の間に鉄筋柱（■）を追加する。穴蔵石垣と天守台上部石垣をいったん解体しなくても施行できる。

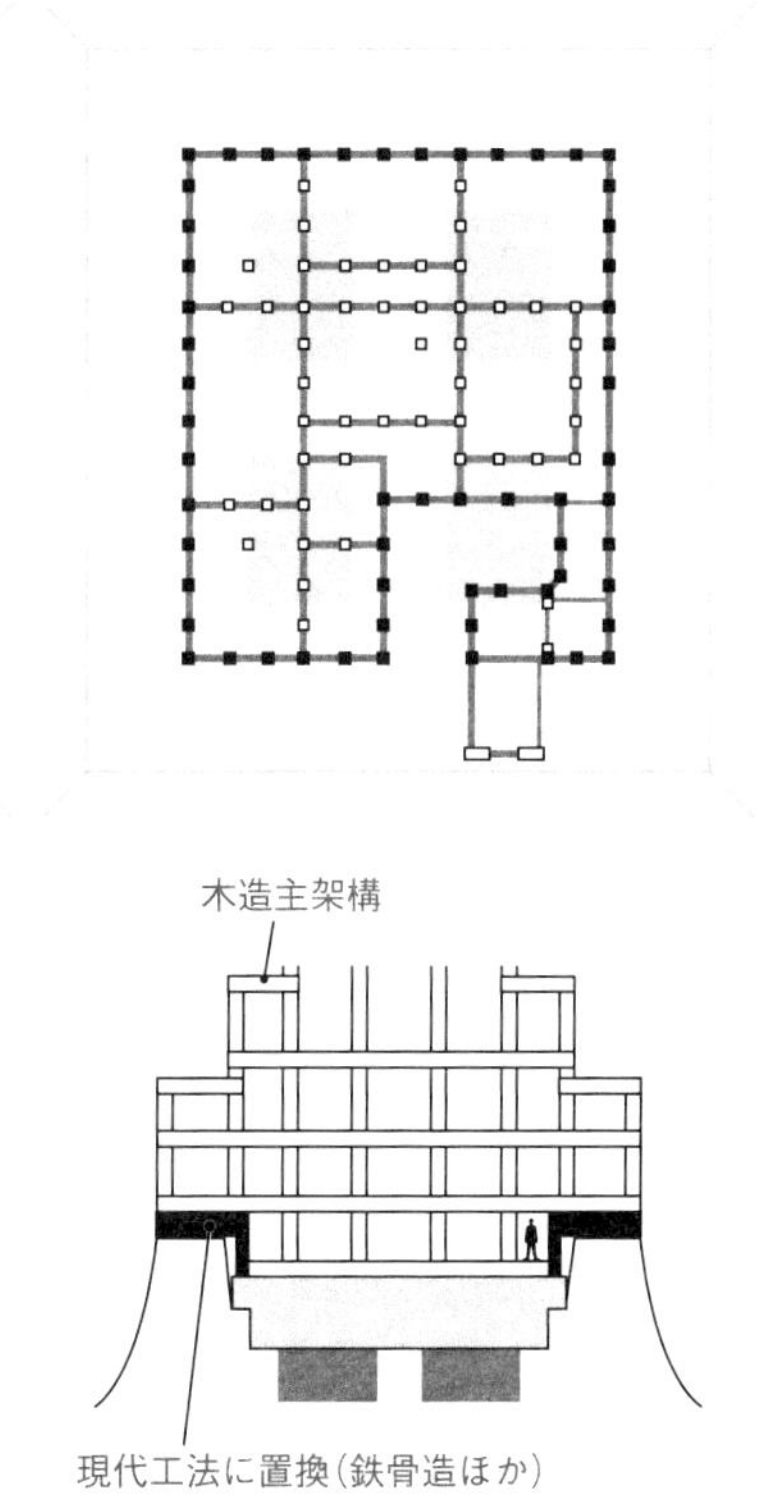

例B　鉄骨柱に置換する案

もと柱があった位置に鉄筋柱（■）を建てる。穴蔵石垣と天守台上部石垣をいったん解体しなくても施行できる。

図６　基礎構造の見直し例

守を支える基礎構造の見直しを一体のものとして検討する三つの例が示された。
（A）穴蔵外周部に鉄骨柱を付加する、（B）穴蔵外周部の柱を鉄骨柱に置換する、（C）穴蔵石垣内部にコンクリート柱を設置する、の三つである〈図6〉。
AとBは、ケーソンに乗せるマットスラブを、いずれも穴蔵石垣の外周部までとし、Aは穴蔵外周部に本来あった木材の復元柱の間に鉄骨の柱を付加する、Bは穴蔵外周部の復元柱を鉄骨柱に置き換えるもので、A、Bともに鉄骨の梁を石垣の天端《てんば》から浮かして鉄骨柱に固定する。Cは、天守入側部の荷重を受ける鉄筋コンクリート製の柱と鉄筋コンクリート製の片持ち床板をマットスラブと一体で設置するが、鉄筋コンクリート製の柱は、戦後改変された石垣の範囲内に収め遺構を保護する。

この三つはいずれも検討例であり、最終的にそのうちいずれかを選ぶ検討案ではない。というのも、現天守があるままでの穴蔵石垣の発掘調査では、江戸時代から残っている土や石など遺構を見きわめることができないので、現天守の解体後に詳細な調査を行って、その結果も含め例を参考に検討していくことになっている。

とはいえ、詳細調査で江戸時代から残っている土や石など遺構を見きわめることができれば、それに応じて基礎構造を確定させる見通しはついた。

こうして、名古屋城天守木造復元の整備基本計画の課題となっていた石垣の保存方針、基礎構造の見直し、バリアフリー対策の三つの課題のうち、二つについては課題を解決するめどが立った。残るはバリアフリー対策だけとなったが……。

6. 誰のための天守木造復元か

バリアフリーをめぐる市民討論会で差別発言

エレベーターに代わる新技術の開発を含む昇降装置の国際コンペは、二〇二二年の四月から八月にかけて公募が行われ、一一月に外部の評価員が審査した。その結果、ＭＨＩエアロスペースプロダクションが提案した「一階ごとに昇降」する新昇降技術が採用された。

この技術は、もともとは航空機の車いす用タラップや船舶内の昇降設備として開発されたもので、一階ごとに昇降設備を設けるので上下階の動きに影響されないですむようにできる。地震時などに通常の建築物より大きく揺れる復元天守に対応できるようにするのが課題だ。また、柱や梁を外さなくても収まるようダウンサイジングし、車いす利用者一人と介助者一人が乗れ、車いすでない場合は四人乗りが想定されている。

このコンペには、採用された提案以外に、階段部にレールを設置するいす型の階段昇降機や装着者の姿勢や動きをアシストする装置型ロボットなど三件の応募があった。

この審査結果は、二〇二二年一二月五日の名古屋市議会の経済水道委員会で報告され、最上階まで行けるよう設置できるか質問があったのに対し、当局は、業者の話では試作機の製作を含めて開発に三年くらいかかる。できるだけ上層階まで設置できるようにしたいが、スペースの兼ね合いもあり検討したい、と答弁した。

ところが、同時間帯に定例記者会見で河村市長が、「天守の復元は、本物にする必要がある。一階から二階まで設置すれば、（バリアフリー法で求められている）合理的配慮をしたことになる」と表明した。

明らかに食い違う説明に、翌日の市議会の委員会で折戸秀郷《ひでさと》観光文化交流局長が陳謝するとともに、以下の釈明をした。「市長の発言は、史実に忠実な復元に対する強い思いが表れたものと考えている。何階まで設置するか決定しているわけではない。最優秀提案を決定した段階で、その提案はより上層階をめざすものとなっている」

バリアフリー対策に関しては、第3章でふれたように二〇一九年に障害者団体から人権救済の申し立てがされたのを受けて、日本弁護士連合会（日弁連）が二〇二二年一〇月二四日に名古屋市に対し、エレベーターで最上階まで登れるよう要望書を提出していた。障害者団体からも、電動車いすが利用できない、現状より後退するバリアフリー対策は許せないなど批判が出ていた。

名古屋市は、二〇二三年六月一二日に全体整備検討会議を開いて、天守木造復元の整備基本計画をまとめ、六月一五日に市議会経済水道委員会で了承を得たうえで文化庁に提出する段取りにしていた。そのために、市民を対象にアンケート調査と討論会をして意向を確かめ、河村市長に新昇降設備をもとにしたバリアフリー対策案を決めてもらうことにした。

整備基本計画づくりは大詰めを迎えたが、六月三日に開かれた「バリアフリーに関する市民討論会」で、参加者から差別発言が相次ぎ、整備基本計画づくりは暗転した。

市民討論会は、河村市長のあいさつに続いて、天守閣部会の構成員で建築史が専門の麓和善氏が木造復元の意義などを講演し、名古屋城総合事務所の上田剛所長がバリアフリー対策を説明した後、討論会に移った。

この討論会に先立って、名古屋市は、四月に市民の中から無作為に五〇〇〇人を抽出してアンケート調査を郵送し、その回答と六月三日の市民討論会に参加を希望するかどうか尋ねた。その結果、希望した三六人が参加した。

アンケートには一四四八人が回答し、その結果は、最上階までが四七・二パーセント、設置しない二三・四パーセント、一階まで一六・九パーセント、わからない八・三パーセント、その他二・三パーセントなどだった。

市民討論会の参加者には、当日、木造天守復元とバリアフリーに関する資料とともに「質問・意見用紙」が渡され、その用紙は討論会の前の休憩時に回収された。

討論会は、有識者として麓氏のほかにバリアフリーの専門家など二人がいて、参加者の提出した質問に答える形式で始まった。

その市民討論会に、私は取材者として会場にいたが、この質問用紙が読み上げられるたびにイライラは募っていった。というのは、質問用紙を読み上げたのは、ふだんは名古屋城にいて観光客の相手を務める陣笠を被った武将隊の一員で、質問用紙を読み上げるたびに、「〜でございます」と下級武士が使うような言葉に似せて質問を紹介していったからだ。

歴史的建造物の復元でもバリアフリー対策は、現代における価値観、人権感覚を前提に検討、配慮されなければいけないし、討論会も人権尊重を前提にしたものでなければいけない。ところが、人権感覚などなかった江戸時代を前提にしたような言葉づかいで質問を紹介するのは、それに相反するものではなかろうか。

続いて、参加者本人から意見を述べてもらうことになり、数人が意見を述べた後、車いすの参加者が「城は好きだが、(現)名古屋城、大阪城にはエレベーターがある。城を新しくするとエレベーターをなくすというのは、障害者排除としか思えない」と意見を述べた。それに対して、二人の参加者から、「平等とわがままを一緒にすんなって／がまんせいよ」「生まれながらにして不平等があって平等なんですよ」などと差別発言が相次いだ。一人目の発言に名古屋市の職員が発言者のところに近寄っていったが、止めることができなかった。

さらに、討論会を締めくくるあいさつで、河村市長が「熱いトークが交わされた」と述べたことから、発言全体を差別と認識できず、容認しているのではないかとの批判も出た。

それに対し、河村市長は、当日は発言の一部は聞き取れなかったとしていたが、六月五日の記者会見や後日の市議会での答弁で、差別発言を容認するものではない、会の冒頭で不適切な発言は避けてくださいなど言っておけばよかった、などと弁明した。

人権感覚に欠けるバリアフリー対策

二〇二三年六月五日には特別史跡名古屋城跡バリアフリー検討会議が開かれた。構成員の建築・地盤工学、建築史、福祉、工学関係の有識者から意見を聞き、それをもとに河村市長が新昇降設備を何階まで設置するか最終的に決めて、六月一二日の全体整備検討会議に諮り、整備基本計画を決定する手はずになっていた。

ところが、会議に提出された資料は六月三日の市民討論会に提出されたものと同じもので、構成員から、採用された設備の内容がよくわからず判断しにくいとの意見が聞かれた。また、日弁連からの最上階の五階まで上がれるようにとの要望書にはどう対応したのかなど質問も出された。建築史の三浦構成員は、「『史実に忠実』『石垣を守る』の大前提として、命を絶対守ることが究極の大前提と以前から何回も述べているが、アンケートにも全く書いていないが、南海地震に耐えるには柱・梁を欠いてはいけない。今回提案の技術は、大前提を守った技術であり、必要最低限をクリアしている」と述べた。

取材していて、配布された資料が専門的な検討に耐えるものとは思えず、各分野の専門家が集まって十分な議論がつくされたか疑問が残った。

六月六日の市議会経済水道委員会では、市民討論会は障害者に対するいじめの場になってしまった、事前に予測できなかったのか、整備基本計画をまとめるスケジュールありきの市民討論会で問題だ、など厳しい意見が相次いだ。

こうして、ようやくまとまりかけていた整備基本計画づくりは座礁した。最終的な整備基本計画案がまとまるはずだった六月一二日の全体整備検討会議には、バリアフリー対策の最終案は盛り込まれないまま開かざるを得なかった。

翌六月一三日、木造名古屋城差別は許さない！市役所前緊急抗議集会が、車いすの障害者も含め約一五〇人が参加して開かれた。前日、河村市長が対応するという約束は、当日になって

木造復元名古屋城バリアフリー問題の抗議集会（2023.6.13）

キャンセルされた。障害者団体などが、第三者を交えた調査委員会をつくって差別発言問題の検証を行い、防止策を講じるよう名古屋市に申し入れた。

六月一四日の市議会総務環境委員会では、鳥羽義人スポーツ市民局長が、防止策として愛知県のような「人権尊重の社会づくり条例」づくりも検討のひとつ、差別発言への対応策のガイドラインがいまのところ庁舎窓口のものしかないので、会議の際のガイドラインをつくりたいと答弁した。

そして六月一五日の市議会経済水道委員会では、佐治独歩《さじどっぽ》観光文化交流局長が、差別発言問題の検証が終わるまで、天守木造復元のバリアフリー対策の検討は進めない、と答弁することになる。

翌一六日には、名古屋市障害者施策推進協議会が開かれ、バリアフリー対策は市民に決めさせる問題なのか（行政が責任をもって対応すべきではないのか）といった意見や、名古屋城のバリアフリー対策は、五年前に河村市長がエレベーターを付けないと決めて以来の問題だ。五年間の矛盾が差別を生んだとの意見が出された。同協議会として、名古屋市に対し意見書を出すことにした。

このように市民討論会の差別発言問題は、名古屋城の天守木造化の問題だけにとどまらず、名古屋市全体の、そればかりか全国的な問題になってしまった。

六月二九日の市議会総務環境委員会で、杉野みどり副市長は「問題点を明らかにするためにはもしかしたら一年程度かかるという感覚をもっている」と述べ、差別発言問題の背景にまで踏み込んで検証すると述べた。

名古屋市が、二〇二二年度末、つまり二〇二三年三月までに整備基本計画をまとめ文化庁に提出するスケジュールにこだわっていたのは、文化庁の復元検討委員会の検討期間二年あまりを見込んで、現状変更の許可が得られるめどが立てば、天守木造復元の先行きの見通しが立つので、それを河村市長の残り二年ほどの任期中に実現したいとの目論見だった。

河村市長みずからが京都に移転した文化庁に出向いて整備基本計画書を提出する日程調整までしていたが、目前で差別発言問題が起こり、名古屋城天守木造復元事業は霧に包まれてしまったのである。

史跡整備の目的は何か、史跡は誰のためにあるのか

今回の差別発言問題は、史跡整備の目的は何か、史跡は誰のためにあるのかという文化財の意義をあらためて突きつけることになった。

文化財保護法によると、「文化財」は「わが国の歴史、文化等の正しい理解のため欠くことのできないものであり、且つ、将来の文化の向上発展の基礎をなすもの」（第三条）で、「貴重な国民的財産」（第四条）であり、同法は「文化財を保存し、且つ、その活用を図り、もつて国民の文化的向上に資するとともに、世界文化の進歩に貢献することを目的とする」（第一条）。

そうした趣旨をふまえ、石垣埋文部会構成員で城郭考古学者の千田氏は、「史跡における建物の復元は、史跡の本質的価値を顕在化して活用するための真に必要な措置として行うのだから、適切な活用が出来ない復元はそもそも認められない。／史跡を含めた文化財は広く国民共有の財産であるから、適切なバリアフリー化を実施するのは、議論の余地なく当然である。史跡は健常者だけのものではない」と説く。

そのうえで、千田氏は、「『史実に忠実な復元』における史実性は、史跡にふさわしい活用実

現のための改変とグラデーションの関係になっていて、〇か一〇〇かで考えてはいけない。この点、名古屋市は『史実に忠実な復元』とバリアフリー化を二項対立するものとして説明をくり返してきたため、深刻な市民の分断を招いた。名古屋市が説明の誤りを認めて出直すことになしに、議論の正常化は難しい」とも指摘する（「名古屋城の天守復元議論」朝日新聞二〇二三年六月二三日朝刊）。

千田氏は、深刻な市民の分断を招いたのは「史実に忠実な復元」とバリアフリー化を二項対立するものとして説明を繰り返してきた名古屋市だとされる。しかし、深刻な市民の対立を招いたのは「名古屋市」というより、「河村たかし市長」ではなかろうか。

本物とは何か？

そう考える理由は、以下の二点だ。

一つ目は、河村市長が事あるごとに公言する、木造建物は燃えてしまったらなくなるが、復元すれば本物になるとの誤解だ。本物にはエレベーターはなかったので、復元する〝本物〟にも必要ないということになるのだろう。差別発言者も、「河村市長がつくりたいと言ってるのは、エレベーターも電気もない時代につくられたものを再構築するって話なんです。バリアフリーの話が出るのが荒唐無稽」と発言していることと符合している。

誤解されるといけないので断っておくと、河村市長が差別主義者だと言おうとしているのではない。ただ、文化遺産に対する正しい理解がないと、本物になかったエレベーターなど必要ないとの考えや、その同調者が生まれるのではないかということだ。

河村市長は、復元した木造建物が本物になるのは、三条件（元あった場所に、元の材料の木を使って、資料どおりに）をみたして復元した場合だとして、「奈良文書」と文化庁の「史跡等における歴史的建造物の復元等に関する基準」をあげる。

「奈良文書」とは、ユネスコの世界遺産の基準となっている一九六四年の「ヴェニス憲章」を補完するもので、一九九四年に奈良市で開かれた国際会議で採択された。

「ヴェニス憲章」は、石材、煉瓦といった耐久性のある建材を使っているヨーロッパの古代建築物に沿った基準で、オリジナルな状態の厳密な保存を求めるものだった。それに対し、日本の木造建築は解体修理が行われ、傷んだ木材を継ぎはぎしたり、取り替えたりするが、そうした伝統的なやり方の修理でも本物であることは維持されるとする。つまり、文化遺産の価値は地域的な歴史的文脈で評価されなければいけないとするものである。

「奈良文書」は、本物が存続している文化遺産のオーセンティシティ（真正性）の属性として、形態や意匠、材料と材質、用途と機能、伝統と技術などをあげているので、すでに本物がなくなってしまっている場合に、それらの属性を踏襲して復元しても、それはあくまでも複製品（レプリカ）であって本物ではない。

日本では、解体修理で、傷んだ木材を継ぎはぎしたり、取り換えたりしても、それは全面的に木材を取り換えることではないし、元からの材も引き継いでいて本物が維持されているとし、もし創建当初の姿がわかれば、それに復することを「復原」と呼び、燃えたりしてまったくなくなったものを再現した場合には、たとえそれが「奈良文書」が指摘する属性を踏襲している場合でも「復元」と呼び分けてきた。

このように見てくると、河村市長の本物論は明らかに誤解であることがわかるだろう。

文化庁は、全国的に鉄筋コンクリート造りの天守等が五、六〇年たって耐震問題を抱えてきたため、「史跡等における歴史的建造物の復元の在り方に関するワーキンググループ」を委嘱して「天守等の復元の在り方について（取りまとめ）」（二〇一九年八月）、「史跡等における歴史的建造物の復元等に関する基準」を二〇二〇年四月一七日に改定した。また、二〇二〇年六月には、「鉄筋コンクリート造天守等の老朽化への対応について（取りまとめ）」を出した。

上記二〇一九年（取りまとめ）の中で、「再現された歴史的建造物の価値について」「史跡等において再現された歴史的建造物は文化財保護法上直ちに文化財として扱われるわけではなく、史跡等の文化財に準じた、価値を伝えるための手段（プレゼンテーション）として複製品（レプリカ）と捉えられる」としている。

もっとも同じ二〇一九年（取りまとめ）で、「史実性を追求し、再現される歴史的建造物の質が確保されるよう、適切に再現された歴史的建造物については、適切な評価を与えることが適当である」とも指摘している。

名古屋城天守の場合、昭和実測図や金城温古録、一四代尾張藩主徳川慶勝の写真など史資料は最もそろっており、質の高い復元ができる条件はそろっている。名古屋市は、再建とオーセンティシティについて、「ヴェニス憲章」「奈良文書」をふまえ、「天守の木造復元は、オーセンティシティを担保するものと積極的に評価することが可能と考える」とする（「特別史跡名古屋城跡木造天守整備基本計画（案）」）。

ただし、その場合でも、復元された名古屋城の木造天守は、特別史跡名古屋城跡の本質的価値を構成する要素ではなく、「本質的価値の理解を促進」させる要素だ（「特別史跡名古屋城跡木造天守整備基本計画（案）」）。

それに対し、姫路城天守は、昭和の大修理で柱が取り換えられたり天守台内にコンクリート製の基礎が設けられたりしたが、「復原」で本物が存続し、「国宝」で、特別史跡姫路城跡の本質的価値を構成している。

バリアフリーとは何か？

市民の対立を招いたのが「河村市長」だとする二つ目の理由は、障害者の人権保障についての理解が行政の長としてふさわしくなのではないかと考えられるからだ。

名古屋城天守木造復元のバリアフリー対策は、技術提案・交渉方式による公募の条件に「高齢者や障害者のためのユニバーサルデザインは、史実に忠実な木造復元と両立できるもの」と示し、竹中工務店の案では地下一階から一階と、一階から四階までは、「四人乗りエレベーター（車いす用仮設エレベーター）」を、「四階から五階は、木造階段にチェアリフト」を付けることになっていた。ところが、河村市長が、〝史実に忠実〟な木造復元にエレベーターはふさわしくないと言い出し、それに代わる方法として「たとえば昔の剛力みたいなもので、みんなで手で支えてですね、命綱をちゃんとつけて上がっていくと、人力で。やっぱりそこでコミュニケーションができるのではないか」（二〇一七年一二月一八日定例記者会見）と述べ、その一方で、「パワースーツというのか、膝とか腰とかをアシストするものなんかも、今も大分開発が進んどります／リニア新技術か何かで／車椅子を浮かせて、スーッと磁力で上がっていく／だいぶ何年かかると言っていましたけど。というふうにいろんなことが考えられるでしょう」と、これまた見通しのはっきりしない話が出てくるのだ（二〇一八年一〇月二一日定例記者会見）。

「剛力」の話に象徴されるように、バリアフリー対策を「思いやり」「あなたの親切」で解決するのが最も望ましいと認識しているようだ。

しかし、人権の実現は思いやりでは不十分で、「生まれてきた人間すべてに対して、その人が能力を発揮できるように、政府はそれを助ける義務がある。その助けを要求する権利が人権。人権は誰にでもある」(国連、人権高等弁務官事務所)と、国際人権法の専門家、藤田早苗氏は指摘する(『武器としての国際人権』集英社新書)。

今回の差別発言問題に関し名古屋市が設けた「『名古屋城バリアフリーに対する市民討論会』における差別事案に係る検証委員会」の中間報告(二〇二四年二月一四日)によると、国際公募で新昇降技術を選定したが、河村市長が昇降設備は設置しないと言い出したら困るので、上階まで設置できるよう努力すべきだと考える担当職員と河村市長との間に入った松雄副市長が、とりあえず一階まで、その上はさらに検討ということで収めようとしたのが実情のようだ。

差別発言問題の検証は、この夏をめどに最終報告書をとりまとめるとされており、背後にあるものまで含めて行うとされ、河村市長も調査には喜んで応じているとのことなので、ぜひしっかり調査していただきたい。

さて、差別発言問題の検証をふまえ、天守木造復元事業のバリアフリー対策をどうすべきかだが、その問題についての法適用については二〇一八年六月二八日に愛知県議会で質疑されている。なぜ名古屋市議会ではなく、愛知県議会でかというと、愛知県が「人にやさしい街づくりの推進に関する条例」があり、名古屋市にも適用されるからだ。

県の住宅計画課主幹は、以下のように答弁している。

（人にやさしい街づくりの推進に関する条例は）不特定多数の者が利用する施設について、高齢者、障害者等を含む全ての県民が、円滑に施設を利用できるようにするために必要な整備を義務づけている。一方で、文化財等の整備基準を遵守することが困難な場合は、整備基準の適用を除外する規定も設けられている。／

人にやさしい街づくりの推進に関する条例では、名古屋城のような規模・用途の施設は、エレベーターの設置を義務づけているが、本条例には、整備基準の適用の除外の規定が設けられていることから、その判断を行う名古屋市では、適用を除外する考えと聞いている。

一方で、現在、文化庁が名古屋市に対し、障害者の理解を得ることを求めており、名古屋市でその対応が検討されていると聞いているので、しっかりと検討をしてほしい。

名古屋市も、エレベーターの設置義務は除外されるが、自治体として努力義務は残るとの見解だ。努力義務に当たるのが新昇降設備とするが、課題は設置階数をどうするかの問題だ。

そのことは、すでに名古屋市議会でも質疑が交わされ、市側は今後の検討によっては最上階まで設置は可能性があると答弁している。しかし、河村市長は、差別発言以降も市議会で「名古屋城天守の『木造復元』と『全員が登れるようにする』は両立しない」と答弁し、具体的に何階まで設置するかについては考慮中だとあいまいなままだ。

もう一つの観点として、車いすの方を最上階まで上がれるようにした場合、火災などの避難対策をどうするかの問題がある。その対策は容易ではなく、そうした問題を木造天守は抱えているので、現鉄筋コンクリート天守を耐震補強して存続すべきとの意見もある。

まさに千田氏が指摘するように「『史実に忠実な復元』における史実性は、史跡にふさわしい活用実現のための改変とグラデーションの関係になっていて、〇か一〇〇かで考えてはいけない」のだが、「名古屋市が説明の誤りを認めて出直すことになしに、議論の正常化は難しい」といっても、正常化は至難の業ではないだろうか。

というのも、この問題の底には、河村市長の木造建物はいったんなくなっても復元すれば本物になるという誤った本物論と、人権の実現には「思いやり」だけでなく行政が条件を整える充足義務があるとの認識に欠けるところがあるからだ。とすれば、河村市長の下で十分な天守木造復元事業の検討ができるだろうか。河村市長の残り一年足らずの任期の中で、天守木造化の先行きを見通せる状況を迎えることは難しくなっているのが現実ではないだろうか。

エピローグ

天守木造復元かコンクリート天守の存続か

天守は近世城郭にとって象徴的な建物であり、名古屋城の天守木造化事業のゆくえを探るため、全国各地を訪ね、鉄筋コンクリート天守の耐震対策や保存整備、石垣の整備、修理などについても見てきた。その内容は、第Ⅱ部で紹介するので参照されたい。

最も参考になったのは、沖縄の首里城の復元と熊本城の地震からの復旧だ。

首里城は沖縄県民、熊本城は熊本市民のアイデンティティの象徴ともいえる建物であり、まさに「歴史的建造物を適切に復元等することは、国民が文化財の価値を享受することにつながる／多種多様な史跡等（近世城郭等）は重要な文化資源であり、効果的に再現することにより、歴史と文化の資源を活かした地域づくりが期待でき、市民の誇りの醸成や観光資源としての魅力向上につながる」といえる（文化庁「史跡等における歴史的建造物の復元の在り方に関するワーキンググループ　天守等の復元の在り方について（取りまとめ）」二〇一九年八月）。

確認しておきたいのは、首里城正殿や熊本城天守は、歴史的経緯を経て、木造、鉄筋コンクリート造りと復元の材料は異なっているが、いずれも地元のアイデンティティの象徴となっている。戦災や火災、災害などで焼失、壊滅した歴史的建造物を復元することは復旧・復興の象徴であり容認されるということだ。

それでは名古屋城の場合は、どうであろうか。

名古屋城天守は第二次世界大戦末期の一九四五年五月一四日、米軍の空襲で焼失した。名古屋市では条例を設けて五月一四日を「なごや平和の日」と定め、空襲の犠牲者を悼み戦争の記憶を受け継いでいくことにした。したがって、その復興は積極的な意味をもつが、復興された天守がまさにいまある鉄筋コンクリート造りの天守だ。

河村市長はじめ天守木造復元を望んでいる人は、本来の天守は木造天守であり、鉄筋コンクリート天守は耐震問題を抱えていることもあり、木造天守に建て替えるべきだと考える。また、伝統的な木造建物の技術を将来に伝えていく意義も強調する。

しかし、もう一度立ち止まって、現鉄筋コンクリート天守が復興された意義を考えると、戦後復興のシンボルとして、名古屋市だけでなく、愛知県、東海財界、市民の有志をあげて資金を募り建てられた、木造でなく鉄筋コンクリート造りで建てられたのは二度と燃えない建物をとの願いも込められていた。

「文化財」は、文化財保護法によると、「わが国の歴史、文化等の正しい理解のため欠くこと

現在の再建天守と見学者

のできないものであり、且つ、将来の文化の向上発展の基礎をなすもの」(第三条)とされる。文化財は、創建以来一定の時間的経過が必要とされ、国際的に五〇年程度が目安とされるので、名古屋城の現鉄筋コンクリート天守はその条件はクリアしており、登録有形文化財に登録する歴史的価値は備えているだろう。

それに対し、名古屋城の木造天守を支持する人たちは、鉄筋コンクリート造天守は耐震補強してもいずれ寿命を迎えるので、建て替える際には木造天守にしなければいけない。どうせそうなら耐震補強をするよりも、いま木造で建て替えたほうがいいとの考えだ。

第1章で見たとおり、天守木造復元事業の特別会計と予算を市議会が認めたのに先立って行われた名古屋市民を対象に行われた二万人アンケートも、耐震補強をしても四〇年しかもたないことを前提に質問項目が設定されていた。四〇年後に木造復元するか、それともいま木造復元するのがいいかという質問項目になっており、耐震補強と木造復元のいずれがふさわしいかではなく、木造復元を前提にその時期をいつにするかという質問にすり替わっていた。

以上のように見てくると、名古屋城について現鉄筋コンクリート天守を耐震補強して存続するか、木造で建て替えるか、その一方が一〇〇パーセント正しくて、もう一方がまったく間違っているとは言えないのではなかろうか。

ただ、木造復元を図るとすると、懸念されるのは建築基準法が求めているのと同等の安全性が図れるのかどうかといった点だ。

第3章で述べたように、名古屋城の木造天守は、建築基準法第三条の除外規定にもとづいて建設されることになるので、その場合にはハードウェアだけでなくソフトウェアも組み合わせて法同等の安全性を確保すればいいとされるが、名古屋城の場合、ソフトウェアに過度に依拠した計画となってはいないかと懸念される。一二階建てのビルディングに相当する高層の木造建物で十分な避難安全対策がとれるのかとの疑問だ。巨大な木造復元建物の名古屋城本丸御殿、平城宮大極殿、首里城正殿は、いずれも見学者は一階までしか入らないので、火災の場合に避難は容易だ。

名古屋城の天守木造復元は、河村市長が市長に初当選した二〇〇九年に言及して始まった。当初の東京オリンピックが予定された二〇二〇年の完成目標が二〇二二年に変更されたが大幅に遅れており、ようやく整備基本計画がまとまるかに見えたところで、差別発言問題が起こり、霧の中に包まれてしまった。

名古屋城の天守木造復元は、特別史跡名古屋城跡の全体整備の一環として行われなければいけないが、天守の整備だけを取り出して進められようとした。天守の木造化には、現天守解体と木造復元について特別史跡の現状変更の許可が必要だが、その点を十分考慮することなく、ゼネコン頼みの技術提案・交渉方式で竹中工務店が選ばれた。予算には税金はいっさい使わず、一〇〇パーセント市債でまかない、見学客の増加で生み出される収入で償還すると唱えられていた。それどころか河村市長は、見学客の増加で生み出される黒字分を福祉にまわすとまで言っていた。

ところが、黒字どころか現状では、木材の購入費をはじめ七〇億円あまりの予算を使っていまだに先行きを見通せる状況になっていない。それどころか、五〇五億円の予算と今後のメンテナンスも入れると一〇〇〇億円近い費用がかかると予想される。その上、木造天守では現天守内の博物館機能が失われるので、名古屋市は三の丸地区に博物館を新設する構想を検討しており、その費用もかさむ。それらを入場料収入では賄いきれず、福祉の予算を圧迫することになりかねないと懸念する声すらある。

残り一年足らずとなった河村市長の任期中に、名古屋城天守木造復元の先行きを見通せることはなさそうだ。河村市長の主導で始まった事業だが、遅れに遅れており、その原因の所在の多くも河村市長にあると思わざるを得ない。数百年、千年先を見据えた事業なら、そんなに急ぐこともなかろう。名古屋城天守の整備のあり方は仕切り直しをしたほうがいいのではなかろうか。

II

各地の城郭復元・修復事情

プロローグ

観光立国と文化財保護

ここまで名古屋城の天守木造復元事業の顚末を追ってきたが、そもそも木造復元計画の背景には、文化財を使って地域振興したい、文化財を目玉にして観光を盛んにしたいという目論見がある。

それは名古屋城に限ったことではなく、全国どこでも事情は同じだ。第Ⅰ部では白河小峰城、掛川城、大洲城の事例も取り上げたが、第Ⅱ部では、全国各地の城でいま何が行われているのか、行われようとしているのかを見ていこう。

文化財保護法の改正の真意は

文化財保護法と地方教育行政法の一部改正が二〇一八年六月一日に成立し、翌二〇一九年四月一日施行された。

文化財の「保存重視」から「保存と活用」を重視するように改正されたと喧伝されたが、改正の趣旨について文化庁は以下のように説明している。

過疎化・少子高齢化などを背景に、文化財の滅失や散逸等の防止が緊急の課題であり、未指定を含めた文化財をまちづくりに活かしつつ、地域社会総がかりで、その継承に取組んでいくことが必要。このため、地域における文化財の計画的な保存・活用の促進や、地方文化財保護行政の推進力の強化を図る。

つまり、過疎化・少子高齢化が進むもとで、地域で文化財を守っていこうというのが法改正の趣旨だとする。観光との文言は出てこないが、保存あってこその活用だとの原則は今後も堅持されなければならないだろう。

文化財保護法による文化財の保護は、重要なものを重要文化財や国宝、史跡等に指定し、現状変更を許可制にして保存するものであった。改正では、それに加えて、地域社会全体で文化財の継承を図るとする。地域の文化財の総合的な保存活用を行うために、市町村単位で「文化財保存活用地域計画」をつくる。この計画を定めるには、未指定のものも含めて地域内の文化財を総合的に把握し、保存のために必要な措置、つまり価値づけや修理管理、ガイダンス施設の整備、普及啓発等についての計画をまとめることが求められる。

この「文化財保存活用地域計画」は、都道府県が定める「文化財保存活用大綱」を勘案して定めることになっており、文化庁長官の認定を受けると、国に対して登録文化財の提案ができ、未指定文化財の確実な継承を推進できる。

また、個別の国指定文化財の保存活用計画を所有者や管理団体が作成し、文化庁長官の認定を受ければ、通常はそのつど現状変更に国の許可等が必要であるが、認定保存活用計画に記載された行為は、許可を届出とするなど手続きを弾力化できる。

この指定文化財の保存活用計画は文化財保護法の改正で義務づけられたわけではなく、法定化して〝できる化〟が図られたのである。文化庁の補助事業などで優遇されることや、地方自治体内部で予算化をめざす際に財政当局に対して裏付けとなるなどのメリットがある。

文化財保護法の改正に合わせて、地方教育行政法も改正された。

条例を設けると、文化財保護の事務を教育委員会から首長部局に移して首長が担当できるようになった。改正にともなって、文化財保護行政を首長部局に移管する場合は、専門的・技術的判断の確保や開発行為との均衡等に対応するため、文化財保護法において任意に設置できるとなっている地方文化財保護審議会を必ず設置しなければいけないことになった。

この改正は、首長が開発に熱心で文化財に理解が乏しいような場合、文化財保護に支障が出るとして国会で共産党が反対した。文化遺産の保護に関わるＮＧＯ「日本イコモス」も同様の疑念をいだき、文化財保護法の改正について文化庁にただした。

そうした懸念はもっともだが、城の場合、史跡や重要文化財・国宝等に指定された文化財でもあり、また一方で都市公園となっている場合が多く、管轄が教育委員会と公園課などの首長部局にまたがっているのが普通で、もともと調整が難しく、一元的な運営が望まれる面もある。

文化遺産は観光資源か

こうして過疎化・少子高齢化のもと、地域で文化財を守ろうと文化財保護法が改正されたが、その一方で、観光立国が〝国是〟ともなっていることを反映して、観光を意識した文化財行政が勧められているのも確かだ。そこで観光立国政策がどのように展開してきたか見ておこう。

観光立国政策は、小泉純一郎政権から始まる。二〇〇三年四月からビジット・ジャパン事業を開始した。当時、訪日外国人の数は年間約五〇〇万人にとどまっており、日本からの海外旅行者年間約一六〇〇万人と大きく差が開いていたことから、訪日外国人の倍増が企図された。

第一次安倍晋三政権下の二〇〇六年一二月、「観光基本法」を改正して「観光立国推進基本法」が成立し、観光は二一世紀における日本の重要な政策の柱と位置づけられた。二〇〇八年一〇月、国交省に観光庁が設置された。

第三次安倍晋三政権下の二〇一七年三月「観光立国推進基本計画」（世界が訪れたくなる日本）が策定された。訪日外国人旅行者数は二〇一二年から三年間で倍増したが、それをさらに向こう四年間で倍増させ、二〇二〇年までに四〇〇〇万人に増やそうという意欲的なものだった。訪日外国人の旅行消費額は、二〇一五年の三兆四七七一億円を、二〇二〇年に八兆円に増やすとの目標が掲げられていた。

施策の基本方針として、オリンピックのレガシーとして「世界が訪れたくなる日本」へと飛躍することが掲げられた。観光は「地方創生」への切り札であり、訪日外国人旅行者の訪問先が東京・大阪等をめぐるルートに集中しているのを全国津々浦々に届けることが課題とされた。このため、観光資源として活用できるものは磨きをかけて総動員しようとの施策が提唱され、「魅力ある観光地域の形成」のために、文化財を中核とした観光拠点の整備、文化財の観光資源としての魅力向上、博物館・美術館等をはじめとする文化施設の充実、世界遺産の推薦及び保存・活用等が掲げられた。また、古民家等の歴史的資源を活用した観光まちづくりや、優れた自然の風景地に関する観光資源の保護、育成及び開発等があげられた。

こうした文化観光施策の一環として「文化観光推進法」（文化観光拠点施設を中核とした地域における文化観光の推進に関する法律）がつくられ、二〇二〇年五月に施行された。博物館、美術館、社寺、城郭等を文化観光拠点にし、文化観光推進事業者（観光地域づくり法人〔DMO〕、観光協会、旅行会社等）と連携して、地域の文化について理解を深める観光をつくり出していこうという狙いだ。国・地方公共団体・国立博物館等による助言や、国際観光振興機構（JNTO）による海外宣伝、国等所有の文化資源の文化観光拠点施設での公開への協力等の援助も盛り込まれている。

続く菅義偉《すがよしひで》首相は、観光立国政策にとりわけ熱心で、皇居三の丸尚蔵館《しょうぞうかん》の国宝・重要文化財級の美術品を地方に積極的に貸し出し、文化観光の核とすることや、城や寺社、古民家での滞在など、地域に眠る観光資源を磨き上げ、滞在型観光やワーケーションを推進しようとした。文化観光推進に向けて文化庁と国交省、宮内省との人事交流も図られている。

文化財行政とまちづくり

文化財の安易な観光資源化は慎重であるべきだが、文化財を地域で守り、観光にも活かしていくことは望まれるので、文化財行政と「まちづくり」のあり方、連携が問われることになる。

文化財行政とまちづくりに関連して、「歴史的風致」を後世に継承していこうという取り組みを国が支援するための法律がすでにある。「歴史まちづくり法」（地域における歴史的風致の維持及び向上に関する法律、二〇〇八年一一月四日施行）だ。
「歴史的風致」とは、「地域におけるその固有の歴史及び伝統を反映した人々の活動とその活動が行われる歴史上価値の高い建造物及びその周辺の市街地とが一体となって形成してきた良好な市街地の環境」（第一条）と定義されている。歴史まちづくり法による支援を受けるためには、「歴史的風致維持向上計画」をつくって、文部科学大臣、農林水産大臣、国土交通大臣の認定を受ける必要がある。「重点区域」を設け、その中に史跡や重要建造物等、文化財保護法の指定文化財を含んで設定しなければいけない。

かつては開発を推進する国土交通省と文化財保護の文化庁とは互いに警戒感も強かったが、いまでは歴史文化を活かしたまちづくりの理念では共通する面もあり、国交省、文科省、農水省の三省が歴史まちづくり法を所管している。

これまでに歴史まちづくり法の認定を受けたところは、全国に二〇二四年三月現在、九五市町あり、城を抱えたまちでは、弘前市、盛岡市、水戸市、小田原市、高岡市、金沢市、松本市、岐阜市、掛川市、犬山市、名古屋市、岡崎市、彦根市、長浜市、京都市、和歌山市、松江市、津山市、高梁市、萩市、大洲市、佐賀市、熊本市など数多い。

以上のような国の文化財の保存と活用を進めようとの政策のもとで、各地の城の復元（木造化）や鉄筋コンクリート天守の延命化、石垣の修復などが取り組まれているのだ。

1. 熊本城——熊本震災からの復興の象徴

熊本城の歴史

鯱《しゃちほこ》を失い、瓦がずり落ちて下地がむき出しになった屋根の天守、石垣が崩れ算木積《さんぎづ》みの角柱だけで支えられた飯田丸五階櫓《いいだまるごかいやぐら》……、二〇一六年に起こった熊本地震で被災した熊本城を伝える報道写真には息を呑んだ。

熊本城は、加藤清正が築いた名城である。「清正流」で知られ、上になるほど反り返った「矩返《のりがえ》し」技術で積んだ高石垣は優美さで知られる。また、他の城であれば天守に相当する宇《う》土《ど》櫓など五階櫓が五基もあった重装備の城であった。

豊臣秀吉の九州平定の後、肥後の領主となった佐々成正《さっさなりまさ》の失政があり、加藤清正が領主となった。加藤清正は文禄・慶長の役で朝鮮に出兵した後、慶長四年（一五九九）頃から、中世に築かれた千葉城・隈本城のある茶臼山丘陵一帯で縄張《なわば》りを開始し、慶長一二年（一六〇七）に完成させた。加藤氏改易後は幕末まで熊本藩細川家の居城となり、城地の拡張と増築が行われ二の丸、三の丸ができた。

明治になると熊本鎮台《ちんだい》がおかれ、一八七七年（明治一〇）に起こった士族最大の反乱、西南の役では主戦場の一つとなり、谷干城《たにたてき》が新政府軍を率いて立て籠り西郷隆盛軍の猛攻をしのぎ切った。それを機に戦いの帰趨が決し、反乱は鎮圧されて新政府の礎が固まった。ところが、この西南の役の際、謎の出火で大小天守や本丸御殿などが焼失した。

しかし、宇土櫓をはじめとする櫓・城門・塀が現存し、一三棟（櫓一一棟、門一棟、塀一棟）が一九三三年（昭和八）に旧国宝に指定され、現在は国の重要文化財に指定されている。城跡は、同年「熊本城」として国の史跡に指定され、一九五五年、特別史跡に指定された。名称は、一九五二年に「熊本城跡」に変更された。

戦後になって一九六〇年に、市制七〇周年を記念する事業の一つとして、大小天守が鉄筋コンクリート造りで外観復元された。設計は藤岡通夫東京工業大学教授（当時）が担当し、木造の天守建築を机上で復元するところから行われた。

現在、特別史跡約五七万八〇〇〇平方メートルが指定され、都市計画公園区域五五万七〇〇〇平方メートルとほぼ重なっている。文化財・公園として多くの市民・県民に親しまれている。

地震で被災した熊本城大天守・小天守（鉄筋コンクリート造り、2016年4月）

二〇一六年熊本地震

二〇一六年四月一四日と一六日、二度にわたる大地震が熊本を襲った。最大震度は気象庁マグニチュード七・三で、一九九五年の兵庫県南部地震（阪神・淡路大震災）と同規模だった。

熊本城の被害は、現存する重要文化財の建造物一三棟全部に及んだ。五階櫓の宇土櫓は、屋根・外壁・建具破損ですんだが、続櫓は倒壊した。東十八間櫓、北十八間櫓は全壊した。宇土櫓続櫓・北十八間櫓・東十八間櫓は、慶長六〜一二年（一六〇一〜〇七）頃の創築期にまでさかのぼる建物で、織豊期の特徴を残す重要な建築である。天守や飯田丸五階櫓など、史料を活かして史実にもとづいて復元された復元建造物二〇棟もすべて被災した。

特に石垣の被害は甚大で、五一七面、約二万三六〇〇平方メートルに崩落や膨らみ・緩みなどの被害が出た。被災面積は全体の約三〇パーセントに上った。

天守木造復元による長期復興論

熊本城は、熊本市民の誇りである。熊本城の復興を、震災復興の象徴とすることに異議はない。被災後、マスメディアが紹介した復興策には、天守の木造復元を訴えるものが多かった。

歴史家の磯田道史国際日本文化研究センター教授は、熊本城の復興をスペインのサグラダ・ファミリア計画の日本版とし、天守・小天守のほかに国宝松江城天守に近い規模の五階建ての櫓が六つもあった城を長期間かけて木造復元し、復元過程を観光にも活かせと訴えた（読売新聞二〇一六年五月一八日）。

三浦正幸広島大学名誉教授は、持論の木造復元論を提唱する。その理由として、天守の屋根瓦が崩れ落ちているのは強く揺れたためで、柱や梁は致命的な傷を負っているはずで、現在の天守修復は不可能で、取り壊すしかないとした（中国新聞同年六月八日）。

耐震補強による短期復興論

熊本地震の一か月後に、熊本市、熊本県、国交省、文化庁による「熊本城公園復旧推進調整会議」が設置され、特別史跡熊本城跡・熊本城公園の復旧の検討が始まった。熊本地震で大動脈である九州横断自動車道が寸断され、国交省が即座に乗り出したが、熊本城の被害が大きいこともわかり、交通インフラだけでなく熊本城の震災復興も呼びかけ、取り組んだのだという。

七月二六日に、大西一史《かずふみ》熊本市長が「熊本城復旧の基本的な考え方」を発表し、熊本城の天守は復興のシンボルなので早期復旧をめざすことを頭に掲げた。基本的な考え方は、以下のとおり。

・復興シンボルである天守閣の早期復旧を目指す
・文化財的価値を損なわない丁寧な復旧を進める
・復旧過程の段階的公開を行い、観光資源としての早期再生を図る
・耐震化など安全対策に向けて最新技術も取り入れた復旧手法の検討を行う
・〝一〇〇年先の礎づくり〟として未来の復元整備へ繋がる復旧を目指す

この基本的な考え方にもとづき、熊本市が震災八か月後の一二月に「熊本城復旧基本方針」を策定し、それをもとに熊本城復旧のマスタープランである「熊本城復旧基本計画」が二〇一八年三月に策定された。

復興のシンボルとして「天守閣」は早期復旧を図るため、木造化ではなく耐震補強を図ることとされた。その基本になっているのは第三者機関である構造評価委員会の評価で、熊本城天守の被害状況を調査した結果、致命的な被害を受けているという予測とは異なり、耐震補強を行うことで「現在の軀体《くたい》での復旧が可能」と結論づけられた。

また、バリアフリー化をめざし、エレベーターを設置することや入り口部分へのスロープ設

置の方針も打ち出された。展示内容の刷新も図り、熊本地震の展示やストーリー性をもった熊本城の歴史を示し、魅力を体感してもらうことが謳われている。

こうして耐震補強をして復旧するという短期復興論が選択されたが、石垣全体の復旧や重要文化財建造物や復元建造物など全体の復旧は「中期の復旧事業」として二〇年間が見積もられている。そればかりか、復旧の機会を契機とした熊本城のさらなる調査研究に取り組むとともに、石工や大工等の技術者・従事者、行政担当職員など、熊本城復旧に必要な専門知識・技術をもつ人材の継続的な確保と育成に取り組む。さらに、震災の記憶継承と幕末期など往時の姿への復元検討（中期⇒長期）、熊本城の一〇〇年先を見据えた復元検討を行うとする。

石垣照合システム

崩落した石垣の復旧は、石の一つひとつを元あった場所に戻す必要がある。石垣カルテができており、石垣に積まれた一石一石の形状や大きさを記録し、写真も撮影してあると、それらを照合して修復できるので復旧は格段に助かることになる。城の石垣は新しくなると一定の規格にもとづいて用意された石材を積み上げて築かれるようになるが、清正時代の石垣は自然石を積み上げげて築かれているので、崩れ落ちた石が元どの位置にあったか特定は手間がかかる。

最近は三次元レーザー計測やデジタル写真計測という電子機器を利用した計測技術が実用化され、それらを石垣カルテの製作に利用する例も出てきている。

熊本城の場合、修復を要する一〇万個の石材のうち約三万個におよぶ崩落した石材について、位置特定を自動的に行う「石垣照合システム」の開発を熊本大学と信州大学、それに凸版印刷が共同で進めている。凸版印刷が二〇一一年にVR作品『熊本城』を制作する際に取得していた櫓や石垣など約四万点のデジタルアーカイブデータから各石材の形状の特徴を再現した画像データベースを制作し、それをもとに自動的に輪郭情報などを抽出し、石材の位置特定を行うシステムだ。

「石垣照合システム」を用いて飯田丸五階櫓の石垣の石材の照合を行った結果、事前に目視で特定した結果と比較して約九割の正答率となった。また、目視で判断できなかった石材を新たに特定できたという。

熊本城の復旧工事の現場では、全国各地から石工の人たちが集まって技術の交流も図りながら石垣の修復作業に当たっており、伝統の技と先端技術をタイアップした復旧事業が進められている。

天守を五年がかりで修復

熊本地震復興の象徴とされる天守の修復工事は二〇一七年二月に着手された。最上階は耐震補強ではなく解体して再構築された。最上階は鉄骨造りで揺れが大きく、柱の根元が激しく損傷し、コンクリートの壁や床にひび割れが目立つなど傷みが激しかった。そのため解体修理せざるを得なかったのだ。

瓦の下地に土を入れる湿式から乾式に変え、構造体の材料をコンクリートからＡＬＣ（軽量気泡コンクリート）に変えることにより、最上階全体の重量を約三〇パーセント軽くするなど工夫がされた。

大天守台石垣の崩落石材の回収は二〇一七年六月から始まった。翌一八年七月から天守台石垣の積み直しが始まり、同年一一月に積み直しは完了した。翌一九年一〇月、大天守の外観復旧工事が完了し、一〇月五日に、第一弾の大天守外観公開が行われた。

大天守・小天守内の一般公開は二〇二一年四月から始まった。熊本地震による被災から五年後に天守は復旧したことになる。

復興なった熊本城を訪れてみたが、入場口の小天守の穴蔵に入ると、目の前に壁いっぱいに設置された耐震ブレイス（金属製の筋交い）が飛び込んできて、耐震補強で復旧工事が行われたことが一目でわかる。リニューアルされた建物内には、熊本城の歴史と震災からの復興までの新しい展示になりガイダンス施設としての機能が充実しているのに感心した。また本丸御殿から大天守に至る地下通路には石垣の表面が金網で覆われ、観覧者の安全性第一に配慮されていることが実感できた。

引きつづき石垣・櫓の復旧事業

熊本地震の被害は、現存する重要文化財建造物一三棟全部と飯田丸五階櫓など復元建物二〇棟全部に及んだ。石垣の被害も大きかった。

熊本城内に残る唯一の多層櫓の宇土櫓は、外観三層、内部は五階に地下を備えている。高さが約一九メートルもあり、現存する全国の天守とくらべても、姫路城、松本城、松江城に次いで四番目の高さがある。古くから小西行長《こにしゆきなが》の宇土城天守を移築したものと伝えられ、その名の由来とされたが、解体修理時の調査で熊本城内で創建された櫓であることが明らかとなった。

地震の衝撃で、解体修理時に入れたコンクリートの基礎が割れ、筋交いが曲がり、破損した基礎と柱は四二か所にも及んだ。建物全体がねじれ、変形しており、石垣も各所に崩落や膨らみがあり、解体修理されることになった。

修復された熊本城大天守・小天守

被災した飯田丸五階櫓（木造復元）と「奇跡の一本石垣」

解体修理に必要な覆屋の基礎をつくるだけでも二年がかりの工事で、二〇二二年一一月から工事が始まった。解体は二〇二四年から約二年かけて行われ、解体した部材も再利用して再建する。復旧完了は二〇三二年度の見通し。

石垣の被害では、飯田丸五階櫓の石垣が隅角石《すみかどいし》だけを残して崩壊し、「奇跡の一本石垣」との異名も取った。その石垣はいったん解体したうえで積み直し工事が行われ、二〇二三年九月に完了した。櫓本体は二〇二八年度中の完成をめざし再建工事が行われる。

完全復旧は当初の計画より一五年延長、二〇五二年度

基本計画では、熊本城の完全復旧の時期は二〇三

七年度とされていたが、大西市長は二〇二二年一一月二二日の記者会見で、完全復旧は当初の計画より一五年延長し、二〇五二年度になるとの見通しを明らかにした。その理由として、大規模な石垣の復旧は国内に前例がなく、当初の想定より工法の検討に時間がかかっていると説明した。

国の重要文化財である宇土櫓と本丸御殿の復旧については二〇三二年度に、すべての重要文化財と城内のおもな区域の復旧については、二〇四二年度に完了する見通しだという。

熊本城の震災復興は、鉄筋コンクリート造りで復元された天守より、〝本物〟として伝わってきた重要文化財の諸櫓を先にすべきだとの見解も出されている。私は、長期にわたる震災復興事業の中で、天守を復興のシンボルとして先行させるほうが市民感情として受け入れられると思うのだが。

2. 首里城——沖縄県民のアイデンティティの象徴

二〇一九年一〇月三一日未明、世界遺産「琉球王国のグスク及び関連遺産群」の首里城で火災があり、正殿と北殿、南殿・番所が全焼し、奉神門《ほうしんもん》（兼事務所）、書院・鎖之間《さすのま》、黄金御殿《くがにうどぅん》、二階御殿《にーけーうどぅん》も延焼した（九施設が全半焼）。ニュース映像で正殿が炎上し、真っ赤な炎に包まれ骨組みだけになった屋根が一気に崩れ落ちるありさまは、木造建築にとって火災がいかに恐ろしいものか、あらためて思い知らされた。

首里城を遠巻きに見守る住民。若者の頬に涙が伝わる映像や小学生もショックで登校できない子どもが相次いだと聞くと、首里城が沖縄のアイデンティティの象徴であることを再認識させられた。

首里城は、太平洋戦争末期に米軍の艦砲射撃を浴び壊滅。戦後、敷地が琉球大学のキャンパスになったが、アメリカ統治から本土復帰した記念事業として一九八六年に国営公園として整

火災で正殿、北殿、南殿が全焼した首里城（2019 年 10 月 31 日）

備することが閣議決定され、一九九二年に首里城正殿等が国営沖縄記念公園首里城地区（通称・首里城公園）として開園した。

沖縄出身の作家池上永一氏は、「沖縄の美は全て首里城に集約される／私より上の世代にはルサンチマンがあった。琉球処分、沖縄戦、アメリカ統治時代、本土復帰と激動の歴史を経た沖縄を卑下するような認識だ。それが首里城の復元によって、私たち自らを肯定的に捉えられるようになった。美しい文化があった琉球王国を懐かしみ、誇りに思うようになった」と述べている（朝日新聞二〇一九年一一月一日）。

琉球王国は、江戸時代に薩摩藩と朝貢国―宗主国の関係を結ぶ一方、中国とも冊封《さくふう》関係を続けていたが、明治維新政府が、琉球王国を清国の冊封体制から切り離し、沖縄県として日本領に編入した。それを琉球処分という。

沖縄県民のアイデンティティの拠り所である文化遺産の火災に、すぐさま再建に向けて動きが始まった。玉城《たまき》デニー沖縄県知事は、翌日首相官邸などを訪れ、協力を依頼した。

一一月六日、首里城復元のための関係閣僚会議の初会合が開かれた。議長は、菅義偉官房長官（当時）。以下、内閣府沖縄・北方対策担当、国交、総務、財務、文科、農水の六閣僚。安倍首相も出席し、「沖縄の皆さんの誇りともいえる首里城の復元は、必要な財源を含め政府として責任をもって全力で取り組んでまいります」と挨拶した。

一二月一一日の第三回会議で首里城復元の「基本方針」が決まり、二〇二〇年三月二七日の第四回会議で首里城正殿の復元の竣工は二〇二六年との工程表も決まった。

前回の復元方針を踏襲

前回の復元時は、沖縄開発庁沖縄総合事務局に首里城正殿設計委員会を置き、木造（建築）、瓦類、彩色、彫刻の四つの部会を設けて歴史的、技術的な考証をした。今回の復興事業は、前回の体制を参考に、内閣府沖縄総合事務局に「首里城復元に向けた技術検討委員会」を置き技術的な検討を行う。この「委員会」の委員長は高良倉吉《たからくらよし》琉球大名誉教授。前回は、首里城正殿設計委員会の委員を務めている。

今回の復元事業は、「基本方針」で、首里城正殿は、「詳細な時代考証に基づく前回復元時の基本的な考え方を踏襲」する。具体的には、三度目の火災後、正徳二年（一七一二）に再建され、一九二五年（大正一四）に国宝指定されたものに復元するとされた。首里城は、いわゆる琉球処分後、琉球王宮でなくなり、敷地は一時旧陸軍の駐屯地となり、その後も建物の荒廃が進み取り壊される寸前だった。建築史家伊東忠太《ちゅうた》などの奔走により、当時、城郭建物は寺社保存法による保護対象にならなかったため、正殿背後に沖縄神社を設け、「沖縄神社拝殿」として国宝（当時は、特別保護建造物）に指定された。

首里城正殿の前回の復元は、全体構造は国宝指定時の実測図に依拠し、文様や彩色などの細部については古文書のデータにもとづいている。

木造で外観は二重屋根で入母屋《いりもや》造り本瓦葺き、内部は三階建てとなっている。桁行一一間（二八・七メートル）、梁行七間（二一・三メートル）で、延べ面積一一九九平方メートル。一階は中央の御差床《うさすか》に国王が着座し、政治や儀式を執り行った。二階は儀礼以外は国王の私的領域に属し、三階は建物全体の通風をよくするために造られているという。

高良名誉教授は、旧王家尚家《しょうけ》に伝えられている文書は修理時の図や寸法などが記載されており、それをもとに正確に復元した首里城は、日本と中国の文化が融合した建築物であり、学際的なワーキングを行い、県内だけでなく全国から参加して復元しており、学問的な到達水準は変わらないとしている。

首里城正殿、二〇二二年着工、二〇二六年竣工予定

工程表は、「前回復元時の設計・工程を踏襲することを基本とし、今般の火災を受けて、防火対策の強化及び材料調達の状況の変化等の反映の観点を踏まえ」て定められた。

焼失する前の首里城正殿（1992 年木造復元）

火事の再発を防止するため、①文化庁の「国宝・重要文化財（建造物）等の防火対策ガイドライン」を踏まえた再発防止策を講じる、②首里城正殿に、最先端の自動火災報知設備等の火災の早期発見のための設備や、スプリンクラー設備等の迅速な初期消火のための設備を導入する、③高台にあり城郭に囲まれていることから、迅速に消火活動を行うことができるよう、城郭内に連結送水管設備を導入する、④消火のための貯水槽を増設する、とされた。

材料の調達は、前回の復元から二〇年以上経ち事情が変わっているだけに配慮が必要だ。前回の復元ではおもに台湾ヒノキが使われたが、その後、台湾はヒノキの輸出を禁止しているという。今回は国産ヒノキを中心にし、場合によってはカナダヒノキ、調達可能であれば台湾ヒノキも使用することを含め市場調査を行う。かつて使われたチャーギ（イヌマキ）およびオキナワウラジロガシについては希少種となっており、使える材があった場合には、可能な限り活用する。漆は、前回同様、中国産漆を使う。沖縄独特の赤瓦の製造には、沖縄本島産の材料を調達し、施工には、沖縄県内に蓄積、承継されている伝統技術の活用を図る。

首里城正殿は二〇二六年までに復元することをめざし、続いて、北殿や南殿等を含め復元に向けた取り組みを進める。その際、復元過程の公開や観光振興など地元のニーズに対応した施策を推進するという。

令和の復元をめぐり議論

今回の復元事業、つまり令和の復元事業は、「基本方針」で、首里城正殿は、三度目の火災後、正徳二年（一七一二）に再建が開始され、一九二五年（大正一四）に国宝指定されたものに復元する。つまり、平成の復元にならって復元するとされ、その後の研究の結果判明した事実は取り入れることになった。それに対し、平成の復元をめぐって異論や疑問も出され、市議会でも取り上げられるなど、沖縄のアイデンティティの象徴をめぐって熱い議論が闘わされている。

議論を呼んだのは、（1）屋根の瓦の色、（2）壁の色、（3）正殿正面の大龍柱《だいりゅうちゅう》の向きの大きく三つである。

（1）屋根の瓦についてては、第二次世界大戦末期に米軍機が上空から撮影したカラーフィルムを大分の市民研究グループが入手し、それによると黒っぽく映っており、灰色瓦が使われていたと発表し、概説書などにも紹介されている。

これに関しては、正徳五年（一七一五）に完成した正殿は当初は総灰色瓦だったが、一八世紀半ばからしだいに赤瓦に葺き替えられ、昭和修理までかなりの割合で灰色瓦が残っていた。しかし、灰色瓦と赤色瓦の割合が解明できないことなどから、前回総赤瓦に復元され、今回も平成復元を踏襲して総赤瓦にすることになった。

（2）壁の色は、残された写真によると、朱色ではなく、白木ではなかったのか？

王国末期のモノクロ写真でも、色の濃淡の差があり、デジタル化し輝度の差を正確に把握できる。首里城は、修理のたびに記録が残され、彩色に関して詳細に記されているので、両者を比較すると、モノクロ写真からでも彩色を復元できる。それによれば、壁は朱色に塗られていたことがわかる。

（3）正殿の前で直立する一対の大龍柱は、明治の写真には正面向きのものがあり、平成の復元で狛犬風に向き合わせたのは、戦前、正殿を沖縄神社にして保存した際の修理によるのではないのか？

平成の復元で大龍柱を向き合わせたのは、その当時の認識では、王国時代には向き合いだったものが、明治期に駐屯した日本軍が正面向きに変えたとされていたからである。ところが、二〇二〇年、一八七七年（明治一〇）の古写真が確認され、王国末期には正面向きであった事実が判明した（ただし、龍柱は台石の上に立つ）。それで、正面説が一挙に盛上り世論化した。

しかし、技術検討委員会では、古写真、遺物、絵図、文書を総点検した結果、明和三年（一七六六）～明和五年（一七六八）に行われた正殿大規模修理の記録『寸法記』から弘化三年（一八四六）の解体修理記録『御普請絵図帳』の時代には、平成の復元どおり大龍柱は台石上で向き合いだったと判断した。根拠は、王国末期の写真のように「台石上で正面向き大龍柱」は王国末期から明治期の写真や絵図にしか見られないこと、ほかの絵図も「台石上で向き合い」で描かれていること、正面向きの根拠になっていた欄干に連結するホゾ穴が戦前大龍柱にはないことが判明したことなどからである。ただし、なぜ、向き合いだった龍柱が一八七七年には正面向きになっていたのか、そのあたりは未解明だという。

新たに判明した史実は復元に活かす

上述した平成の復元に関する疑問や異論に関し、技術検討委員会の委員で考古学の安里《あさと》進沖縄県立大学名誉教授は、「日本の神道的価値観で琉球文化の象徴が歪められたという思いがあるようだ。しかし、大龍柱をどの向きにするかなどは歴史的事実と復元方法の問題であって、アイデンティティの観点から署名を集めて変更を迫るような問題ではない」と戒める。

首里城が日本と中国の文化が融合した建築物であるのは、琉球王が中国皇帝の冊封を受けていたからであり、正殿では中国からの冊封使を迎えて儀式が行われた。中国皇帝にとって最高位の色は黄色であり、平成の復元では、正殿中央の琉球王の玉座の背後に掲げられた扁額の地の色は赤色に復元されていたが、令和の復元では黄色に変更されることになった。

二〇二二年一一月三日に、首里城正殿の起工式が行われ、復元工事が始まった。主木材のヒノキは台湾ヒノキではなく、国産材で賄えることになった。

琉球王国時代に六〇年ごとに行われた首里城造営や修理の際の祭事「木曳式《こびきしき》」が令和の再建でも行われた。首里城正殿に使う長さ九メートル、樹齢九八年のオキナワウラジロガシは沖縄本島最北端の山林から切り出された。国頭村《くにがみそん》で出発式を行った後、全長一七メートルの一〇トントレーラーに載せられて六日間かけて那覇まで「木曳パレード」が行われた。一一月三日には、沖縄の民俗衣装に身を包んだ男女六〇〇人が首里城に向かって市内を約三五〇メートル練り歩き、再建工事現場で奉納された。起工式には玉城知事や沖縄担当相や国土交通副大臣などが参列し、オキナワウラジロガシへのノミ入れのセレモニーが行われて、二〇二六年秋完成をめざして再建のスタートを切った。

首里城正殿と世界遺産

日本には、北の文化、中の文化、南の文化と三つの文化があるが、「琉球王国のグスク及び関連遺産群」は南の文化を代表するものである。二〇〇〇年に世界遺産に登録されている。「残存する記念工作物は、数世紀にわたって、琉球列島が東南アジア・中国・朝鮮半島、及び日本との間の経済的・文化的交流の中心としての役割を担ったことを鮮明に証明している」（評価基準ii）、「琉球王国の文化は、特殊な政治的・経済的環境の下に進化・繁栄を遂げ、その結果、独特の性質を持つものとなった」（評価基準iii）、「琉球の神聖なる遺跡群は、浸透した他の世界的な宗教（仏教）とも並行しつつ、現代的にもその本質が継承された自然と祖先崇拝の固有の形態の希に見る事例であることを示している」（評価基準iv）として世界遺産に登録されている。

今回の火災に際して、世界遺産に登録されているのは遺跡としての首里城跡であり、首里城正殿は復元建物であるので構成資産ではないことを殊更に強調する向きもあるが、世界遺産の登録に当たって、首里城正殿の復元もその真正性は高く評価されている。ユネスコの諮問機関として世界遺産登録の審査やモニタリングに当たるイコモスの評価では、日本では一世紀以上もの間、修復と再建に厳格な基準が適用されてきており、首里城正殿も残された図面と写真などの資料と発掘調査をクロスチェックして正確なレプリカが作成された。沖縄で非常に象徴的な価値があるとされている。

そういう意味では、復元された首里城正殿は世界遺産の構成資産に準ずる価値をもっているとも見なしうるだろう。

戦災復興した都市が世界遺産に登録された例としては、ポーランドの「ワルシャワ歴史地区」、ロシアの「サンクトペテルブルグ歴史地区と関連建造物群」、ドイツの「ドレスデン・エルベ渓谷」（二〇〇九年、橋の建設により登録抹消）がある。

このうちドレスデンでは、一九八二年に建築家など専門家による国際会議が開かれ、「戦争により破壊された大きな意義をもつモニュメントであり、かつ破壊前の状態に関する信頼できる証拠資料にもとづく場合には正当化される」とした『ドレスデン宣言』がまとめられている。首里城正殿の復元と火災からわかるように、復元された歴史的建造物であっても、日頃から慣れ親しんできたものは地域住民にとってアイデンティティの拠り所になりうるということだ。

戦災からの復興だけでなく、自然災害からの復旧も同じように考えられる。

熊本城の場合、鉄筋コンクリート天守を木造で建て替えるべきとの意見も多かった。それにもかかわらず、耐震改修で鉄筋コンクリート天守を維持することになったのは、軀体が耐震補強で耐えうることが明らかになったことにもよるが、それにもまして現鉄筋コンクリート天守がすでに市民に親しまれた存在になっていたことも大きい。災害復興の象徴として復旧が急がれたのである。

失われた歴史的建造物の復元の是非をめぐっては永年議論を呼んできたが、戦災や震災など災害で失われ、地元住民や国民、場合によっては国際的に親しまれてきたものに関しては、その資料が十分な場合には復元は正当化されるであろう。

名古屋城の天守木造復元について河村たかし市長は、ワルシャワ市街地復興、ドレスデンの聖母教会と並んで世界の三大復元となると語ったことがある。またサンクトペテルブルクのエカテリーナ宮殿の復元も例にあげる。

しかし、ワルシャワは建物単独でなく市街地の復興である。ドレスデンでも聖母教会単体でなくドレスデンとエルベ渓谷の文化的景観が評価され、サンクトペテルブルクもエカテリーナ宮殿単体でなくさまざまな様式の歴史的建築群がある歴史地区が評価されている。

特別史跡名古屋城跡や城下町の中から天守単体だけを取り上げて、その復元の意義を語ることは一面的と言わざるをえないのではないだろうか。

3. 姫路城——日本の世界遺産第一号

姫路城の歴史

　ＪＲ姫路駅のプラットフォームに降り立つと、白壁で統一された優美な外観から、白鷺《しらさぎ》城として知られる姫路城の天守が、真正面に見渡せる。私は訪れるたびに歩いて姫路城をめざすが、しだいに近づいてくる天守にわくわく感が増してくる。

　姫路城は、天正八年（一五八〇）、中国攻めをしていた羽柴秀吉が、黒田氏から譲り受け、姫山にあった中世城郭を大改修して近世城郭にした。三層と伝えられる天守を太閤丸《たいこうまる》に築き、石垣で城郭を囲った。あわせて大規模な城下町も整備した。

　慶長五年（一六〇〇）の関ヶ原の戦い後、城主となった池田輝政が、翌年から慶長一四年（一六〇九）にかけて大規模に改修した。外様大名が多い西国を牽制するのが狙いで、鷺山・

「平成の修理」後の姫路城天守（国宝）

姫山と二つの丘を利用して複雑な縄張りと純白の天守群が調和した姫路城に整備した。現在まで伝わる五重六階地下一階の国宝天守はこの時に築かれた。

明治時代を迎え、いったんは廃城処分が決まり、天守は民間に払い下げられたが、再び国有に戻った。陸軍の中村重遠《しげとう》工兵大佐の働きかけで一八七九年（明治一二）名古屋城とともに保存されることになった。しかし、陸軍兵営地となって腐朽が進む一方で、市民の間に姫路城の保存修理を求める運動が高まり、政府や衆議院、貴族院に陳情を行って九万円の予算が認められ「明治の大修理」が行われることになった。

木造の城は不断の修理が必要

姫路城の天守は、まわりを石垣で囲まれた天守台の天端に礎石を据えて、その上に柱を立て組み上げてある。土の上に据えた礎石だけでは木造天守の重量に耐えられず、ゆがんで沈み込んだ。「東に傾く姫路の城は、花のお江戸が恋しいか」と俗謡に歌われるほどだった。

地階から六階の床まで東・西二本の大柱《おもばしら》が使われているが、明暦二年（一六五六）には、二本とも腐った根元を取り除いて栂《つが》材をはめ込み、帯鉄《おびてつ》を巻いて柱を建てる根継ぎ補強工事をしたのをはじめ、軸部や屋根、軒廻りの修理がたびたび行われている。

「明治の大修理」は、一九一〇年（明治四三）七月から一年かけて、大天守と東・西・乾《いぬい》の各小天守、それに櫓、門などの修理が行われた。大天守は筋交《すじか》いや支柱を入れたり、破損や腐食のある梁・桁・隅木《すみき》・棟木《むなぎ》・根太《ねだ》・床板・破風《はふ》は取り替え、瓦はすべて取り外し洗って半数は再利用された。この「明治の大修理」では、費用が足りず天守の傾きが進行するのを食い止めるにとどまり、天守の傾きを根本的に修正することはできなかった。

「昭和の大修理」は、一九三四年（昭和九）、豪雨で西の丸の櫓が石垣ごと崩壊したことから始まり、翌年にも雨で西の丸の石垣が崩壊したのをきっかけに、西の丸全域を対象に国直轄事業で修理し、すべての建物を解体修理することになった。

その修理事業は、太平洋戦争で中断を余儀なくされ、空襲の被害に遭わないよう黒く染めた網で主要な部分を覆い守ることにした。ところが、一九四五年七月三日空襲で城下は焼きつくされ、大天守にも焼夷弾が直撃したが、薄い窓板を突き破って床を横滑りし不発に終わったため焼失は免れたという。

戦後、再び修築の機運が高まり、文部省直轄事業で一九五〇年から再開され、一九六四年まで続いた。大天守の修理は一九五六年から一九六四年まで行われた。

基礎部分は、南東に四四センチ地盤沈下して、礎石のままでは天守の重量を支え切れないので、礎石をいったん撤去して発掘調査し、岩盤上に鉄筋コンクリート製の基礎を設けて天守を組み直した。礎石を取り換え、上述した江戸時代以来の天守の傾きが改善された。この昭和の大修理の際、天守台の地下から、羽柴秀吉が築いた天守の礎石や石垣も見つかっている。

また、解体修理では東・西二本の大柱のうち、西の大柱が腐敗し再利用することができなかったので、岐阜県中津川市の檜を利用することになったが、切り出す際に途中に折れてしまい、その根元側と兵庫県内の神社の境内の檜を中継ぎして使うというエピソードもあった。

「平成の修理」は、二〇〇九年から二〇一五年にかけて行われた。昭和の大修理で五〇年は保つと言われたが、四五年たって予想以上に漆喰や木材の劣化が進んでいたため、大天守の漆喰壁の塗り替えや瓦の葺き替え、耐震補強を重点とした補修工事が行われた。

瓦は、昭和の大修理の際、重量低減のため軽量瓦が焼成されたが、平成の修理では、検査をしたうえで使えるものは再利用し、それができないものは新しい瓦に取り換えられた。漆喰はカビが原因で黒ずみが発生するため防カビ強化剤が塗布された。

近世城郭と世界遺産

「姫路城」は、日本が世界遺産条約の締約国になった翌年の一九九三年、「法隆寺地域の仏教建築群」と並んで日本では第一号の世界文化遺産に登録された。世界遺産条約が締結されて以来、二〇年たっていた。

世界遺産は、登録基準（文化基準は六つ、自然遺産は四つ）のいずれか一つ以上を満たしていると「顕著で普遍的な価値」（ＯＵＶ）を備えていると評価され、そのうえ真正性（オーセンティシティ）と完全性（インテグリティ）を備えていれば世界遺産リストに登録される。

木造の建物を配し、石造の城壁と白色の土塀をめぐらせる近世城郭は、世界でもほかに例がない独特の城郭様式で、一六世紀中頃に確立するが、姫路城は、その城郭建築の最盛期の遺産で、一七世紀初頭の日本の城郭を代表し、木造の城郭建築群と城壁・土塀から構成される構造物が特によく残っている。

世界文化遺産の評価基準は、「木造建造物群の傑作である。それは、白漆喰の使用及び、多数の建築群と屋根の重なりが築く繊細な構成の両面において、合理的機能を卓越した美に結合させている」として評価基準ⅰ「人間の創造的才能を示す傑作」とされた。また、「日本の木造城郭建築の最高点を表し、その重要な特徴を損傷なく保存している」として評価基準ⅳ「歴史上の重要な段階を物語る建築物」も満たしているとも評価された。

登録資産は、特別史跡に指定されている内郭と外郭のほぼ全域の一〇七ヘクタールで、大天守と三重の小天守三基を二重の渡櫓で結ぶ「連立式天守」が現存し、これら国宝に指定されている五件八棟と、その他に重要文化財に指定されている現存する櫓、渡櫓、門、土塀など建造物七四棟も構成資産をなしている。

姫路城に続いて、国宝に指定されている彦根城、犬山城、松本城、松江城を抱える地元自治体が世界遺産登録をめざしている。

このうち彦根市は、彦根城を「統治の城」とし、「戦いの城」姫路城との差異化を図り、単独で世界遺産をめざそうとしている。彦根城は、姫路城とならんで暫定リストに記載されていたこともあり、日本政府が二〇二三年九月、ユネスコに事前評価制度にもとづく推薦書を提出した。事前評価制度とは、ユネスコの諮問機関、イコモスに推薦資産の学術的価値を評価してもらい、是正や指摘事項をふまえて正式に推薦する制度で、場合によっては推薦にむかないと示唆される可能性もある。

一方、松本城、犬山城、松江城を抱えた三市では、彦根城と姫路城を含め、国宝五城で世界遺産のシリアル登録（連続性のある複数の資産の登録）をめざし、文化庁に「近世城郭の天守群」として世界遺産に推薦するよう働きかけている。

日本の近世城郭が世界でも独特な建築様式群であることは明確なので、彦根城が単独で世界遺産をめざすより、他の城郭群も含め日本の近世城郭がどのような変容を遂げたかを明らかにしてシリアル登録をめざすほうが海外から理解を得やすいのではなかろうか。

4. 江戸城——江戸城天守は東京のランドマークか？

近年、世界各国、各都市は観光立国と魅力ある国づくりに向けて熾烈な競争を繰り広げているが、その中にあって東京は国際都市として未だ確固たる地歩を築いているとは言い難い。その要因の一つは、日本の首都でありながら日本らしさを体現する、傑出した歴史的、文化的遺産が存在しない点にある。

かっての都・江戸は世界で最も魅力的なまちの一つと謳われていた。もしここに、一六五七年の明暦の大火により失われた天守閣を始め、江戸城の遺構が再建されれば、それは世界に伍して発展する国際観光、交流都市東京の形成に寄与するだけでなく、二一世紀における日本再生の新しいシンボルにもなり得る、と確信する。

「江戸城再建を目指す会」（現ＮＰＯ法人江戸城天守を再建する会）の設立趣意書から引用さ

せていただいた。

「江戸城再建を目指す会」は二〇〇四年に発足、二〇一三年に「江戸城天守を再建する会」と名称変更した。観光庁が推進する「観光立国」のシンボルとすべく、江戸城天守を木造で再建しようと経済人や観光業界人などにより結成され、民間の寄付で復元をと活発な運動を繰り広げている。

狙いは観光。大都市にはどこでもランドマークになる建造物があるが、東京にはそれがない。したがって、ぜひとも江戸城天守の復元、しかも木造化が必要であると訴える。

三度の天守

同ＮＰＯの特別顧問には建築史が専門の三浦正幸広島大学名誉教授が加わっている。同ＮＰＯでは二〇一〇年、三浦氏の監修により、江戸幕府作事《さくじ》方《かた》大棟梁《だいとうりょう》甲良《こうら》家に伝わった一枚の建地割図（立面図）から復元図を創り発表した。その後の研究をもとに三浦氏は、二〇一六年『江戸城天守　寛永年度江戸城天守復元調査研究報告書』をまとめ、同ＮＰＯに無償で献納した。

まず、江戸城そのものの歴史を見ると、小田原攻めで北条氏を破った豊臣秀吉が、徳川家康に江戸を拠点に関東を支配するよう命じた。江戸は多くの川が流れ込み丘あり谷ありの地形で、江戸城の整備にあたっては、河川や河岸の整備なども合わせて進めざるを得ず、江戸城の整備は城下町の整備と一体となって行われた。その町割が、いまの東京の街区の基本となっている。大正時代末の関東大震災からの復興による区画整理事業で、下町のほうではその姿が失われたが、山の手の谷筋に形成された商店街などにその姿がとどめられているとの指摘もある。

報告書によると、江戸城天守は、徳川家康が慶長一二年（一六〇七）に初代天守を創建したが、二代将軍秀忠が元和八年（一六二二）から九年かけて現天守台と同じ位置に二代目天守を造り替えた。

初代天守の創建にあたって、縄張りは当代一の築城の名手といわれた藤堂高虎《たかとら》がまかされ、石垣普請は加藤清正など西国外様大名が手伝いを命ぜられた。

家康が没すると、二代将軍秀忠は、江戸城の北側を大きく迂回する神田川を開削して東の隅田川に放流するなど、江戸城を増強する新たな普請を行った。本丸を北側に拡張し、家康の「慶長度天守」を解体し、二代目天守「元和度天守」を建てた。本丸奥御殿の敷地を確保する目的であったと考えられるという。

三代将軍家光は「家康・秀忠から続いた工事の総仕上げ」を図り、寛永一五年（一六三八）に、三代目天守「寛永度天守」を再度、造り替えた。

「寛永度天守」は、総高が名古屋城天守とくらべて二九尺（約八・八メートル）も高く、天守台も含めて天守の最も上の箱棟《はこむね》上端までは一九三・五尺（約五九メートル）もある。三浦氏は前掲報告書で、「隔絶した規模の壮大さ、各種平面と階高の綿密な逓減が生み出す富士山を思わせる外形の秀麗さ、均整のとれた破風配置の華麗さ、同瓦葺きの屋根や銅板張りの外壁の高貴さ、屋根上に輝く金鯱《きんしゃち》の豪華さ、いずれにしても史上で最も優れた天守である。それは将軍の権威の象徴であった」。その一方で、「石落《いしおとし》や鉄砲狭間《はざま》をまったく装備せず、千鳥破風《ちどりはふ》をすべて純粋な飾り」としており、「太平の世を堅持する思想」に貫かれている、と記す。

「太平の世」に天守は不要

「寛永度天守」は、その後、明暦三年（一六五七）、四代将軍家綱の時代に、江戸大火（明暦の大火、振袖《ふりそで》火事）で焼失した。本丸・二の丸・三の丸がつぎつぎと延焼し、天守をはじめ多くの門・櫓を失った。

被災後、幕府はただちに石垣普請、二の丸御殿の再建に取り掛かった。天守は焼失前と同規模同形式のものを再建する計画で、翌万治元年（一六五八）には花崗岩を使った新たな天守台が再築された。加賀の前田綱紀《つなのり》により、わずか五か月で竣工した。

江戸城天守台（明暦の大火後築造されたが天守は造られなかった）

ところが、家光の異母弟・保科正之《ほしなまさゆき》による建言を受け、天守の再建は見送られた。その後、再建計画が持ち上がったこともあるが、結局実現に至らず今日に至っている。

したがって、現在の皇居に残された天守台石垣は、この万治度のものである。石材は瀬戸内海大島産の御影石の巨石で、切り石を隙間なく積む切込接《きりこみはぎ》で積まれている。隅部は完全な算木積みで、平面部は横目地をそろえた布積《ぬのづ》みである。ところで、この「万治度天守台」は、寛永度のものより一間低い六間で築かれており、天守台が外郭から見えないようにとの家綱の命によるものとされる。

江戸城天守復元の意義

同NPOのHPには、「歴史建造物の再建は、世界の潮流」として、ポーランドのワルシャワが再建された例やベルリン王宮の再建をドイツ連邦議会が決議したことをあげている。

しかし、首里城や熊本城の復旧・復興で見てきたように、歴史的建造物の再建が無条件に是認されているわけではない。ポーランドのワルシャワもベルリン王宮も、第二次世界大戦で惨禍にあった街区や歴史的建造物の再建であり、積極的意義をもっている。その基底にあるのは、住民や国民が直接接した経験をもつ街区や歴史的建造物であり、慣れ親しんだものである。

それに対し、江戸城天守の場合は、江戸時代の早い時期に焼失しており、その後再建されていないので、江戸人の多くも見たことがない建物である。浮世絵に見られる江戸の町は、手前に隅田川にかかる日本橋、その向こうに江戸城、奥には富士山という構図が定型化するが、しだいに江戸城天守は描かれなくなってしまう。

もう一つ「江戸城を観光立国のシンボルタワーに」と訴えることでは、松沢成文《しげふみ》参議院議員がとりわけ熱心で、「東京丸ごとテーマパーク構想」を掲げ、国会でも江戸城天守復元の可能性についてたびたび取り上げている。

しかし、テーマパークと文化財の活用とはまったく異なることだ。

テーマパークとは独創性、巨大性、先進技術の応用などで新たに創り上げるもので、人を惹き付けることが魅力であるので、つねに新しさが問われる。それに対し、文化財、文化遺産とは、その地域に応じて歴史的に形成されそれぞれが特色をもっている。したがって、これまで伝わってきた本物を未来に伝えていくことに意義がある。テーマパークは、ナンバーワンが新たに出現することで陳腐化してゆくが、文化遺産はそれぞれが特色をもっておりオンリーワンであることが魅力の源泉で、魅力は永遠に続く。

日本の観光の課題は、地域にある文化遺産や自然遺産を観光資源として活かし、国内や外国からの観光客を受け入れ、「地域の創生」を計ることである。建造以来いまに伝わる本物の天守は国宝や重要文化財に指定されているがいずれも地方にある。あえて江戸城天守を復元する必要があるのだろうか。

史跡江戸城外堀跡の保存管理

江戸城跡には、思い出がある。史跡江戸城外堀跡を将来に引き継ぐため、千代田区、港区、新宿区が保存管理計画を二〇〇八年に策定したが、その際に設けられた「懇談会」に委員として参加していたからだ。その時、文化庁から助言者として出席していたのが山下信一郎主任文化財調査官（現文化財監査官）で、名古屋城天守復元の取材で再会することになった。

江戸城外堀跡は、江戸城の惣構《そうがまえ》の一部で、その一部を埋め立ててJR中央線が設置されるなど、近代以降の交通網の整備と都市利用の変化に対応して変貌してきているが、一九五六年に史跡指定された。江戸城跡は、現在、西の丸・吹上の地域は皇居となり、内堀と天守台跡が、一九六三年、特別史跡「江戸城跡」に指定されている。

史跡指定地内には、いまでも江戸城の濠や土手、石垣、城門が残り、都市東京の成り立ちや江戸時代以来の政治の中心地としての東京の歴史を知ることができる。

保存管理計画では、以下の目標を掲げている。

江戸城外堀と中央線

「近世最大の城郭を受け継ぐ東京　再発見」

①巨大城郭の一画としての江戸城外堀を顕在化させる。

・見附《みつけ》を拠点空間として位置づけ、水面と土手が連続する堀の地形や規模が体感できるよう保全、整備する。

・外堀を近世都市の骨格として位置づけ、近代の歴史遺産を含め周辺の文化財とともに史跡地の重層的な歴史を語る資産とする。

②歴史と自然の調和した風致を保全する。

・歴史遺産の保存との調和を図りながら、都心に残された貴重な緑や水辺の空間として保全し、親しみながら散策できるよう整備する。

・堀として広い空間を継承し、史跡地周辺も含めた良好な景観の形成を目指す。

東京では、現在、神宮外苑の再開発で明治時代以来の緑の森を伐採する計画に反対する市民運動が起こり、日本イコモスも支援していることに象徴されるように、近現代も含めた文化遺産、自然遺産をいかに護っていくかが大きな課題となっている。しかも、歴史上現天守台にはもともと天守はなかったのであり、江戸城天守復元には賛意を表するわけにはいかない。

5. 大阪城——耐震補強・長寿命化し登録文化財

大阪城のある上町《うえまち》台地の北端には、戦国末期、浄土真宗の石山本願寺があったが、織田信長との石山合戦の講和直後に焼失した。本能寺の変で織田信長が討たれた後、羽柴（豊臣）秀吉によって天正一一年（一五八三）から築造が開始され、初代の大坂城天守は五重七階地下二階の望楼型（入母屋造りの上に望楼部を載せた型式）の天守だった。金箔瓦が葺かれ、黒漆塗りの壁に金色に輝く牡丹唐草紋《ぼたんからくさもん》や桐紋《きりもん》と菊紋《きくもん》などの彫刻がはめ込まれていた。安土城を凌駕する豪華絢爛な天守だった。しかし、関ヶ原の戦いで豊臣方は敗北し、大坂冬の陣・夏の陣に敗れて、大坂城は落城し、豊臣氏は滅亡した。

その後、徳川氏が豊臣時代の大坂城の石垣と濠を破却して、天下普請をし、高さ一メートルから一〇メートルの盛土をして新たに築いた。この二代目の天守は、五重五階地下一階の白漆《しろしっ》喰総塗籠《くいそうぬりこめ》の層塔型（基部の入母屋造りの建物がなく一層ずつ順次積み上げた型式）で、寛永三年（一六二六）に竣工した。普請奉行が藤堂高虎、作事奉行が小堀政一《まさかず》（遠州《えんしゅう》）、天守石垣は加藤清正の子忠広《ただひろ》と築造名人がそろっていた。

徳川大坂城は、豊臣大坂城より二〇メートル以上高くなっており、平面規模も二倍ほどあり、江戸幕府の威信を天下に誇示する城だった。ところが、完成から四〇年足らずの寛文五年（一六六五）天守の鯱に落雷し、焼失した。その後、再建されることはなかった。

明治時代に大阪城は、陸軍用地に転用され、敷地内には火砲・車両などを生産する大阪砲兵工廠も設けられた。

いま建っている天守は、豊臣秀吉が築いた天守、徳川時代の天守についで、三代目。昭和天皇の即位を記念し、一九三一年（昭和六）に竣工した。当時の関一《せきはじめ》大阪市長が、石垣しか残っていなかった天守台に鉄筋コンクリート造りの天守を復興し、郷土歴史館とした。あわせて大阪城公園も整備し市民に公開した。大阪城は、明治以来、全域が軍部の支配・管理下におかれていたから、当時としてはまったく斬新な試みであった。

この事業は、資金すべてが市民の寄付で賄われ、わずか半年足らずで集まった一五〇万円で、天守の復興だけでなく公園を整備したうえに、第四師団司令部の新庁舎建設にもあてられた。

大阪城公園

耐震補強、長寿命化し、国登録有形文化財に

鉄筋コンクリート造りの寿命とかつて言われた築六〇年は、一九九二年。それをにらんで、大阪市では検討を始めていた。現天守をいったん解体したら、歴史建造物の復元に関する文化庁の基準もあり、再建は木造でしかできないのではないか。しかし、建築基準法の決まりもあり、木造高層建物の建築は簡単には進まない。

それにも増して、木造の天守にすると、重要文化財や国宝など指定文化財を展示できなくなり、現天守復興以来の伝統をもつ博物館機能が失われる。豊臣秀吉が活躍した時代と大坂城の歴史をテーマとする博物館としての機能を維持していくことが重要だ。

こうして、大阪城天守（博物館の名称は、「大阪城天守閣」）は、現状を維持する形で延命を図ることになった。

戦前の鉄筋コンクリート造りの建物は、ていねいな工事で堅牢なものが多い。大阪城天守も、コンクリートに海砂はいっさい使われておらず、調査をしても鉄筋に腐食は見つからなかった。「平成の大改修」が始まる目前、一九九五年一月一七日、阪神淡路大震災が起こったが、天守、石垣ともまったく被害は出なかった。もっとも耐震基準は、大震災が起こるたびに見直されており、新たに耐震補強が必要となった。

大阪城天守閣（鉄筋コンクリート造り、登録有形文化財）

おもな工事として、コンクリート内部の鉄筋鉄骨が将来腐食するのを防ぐために、コンクリート内部にアルカリ溶液を浸透させ、中性化が進むコンクリートの再アルカリ化を図る最新の電気化学的補修工法が採用された。塗布材による防蝕補修工法も併用し、コンクリートの耐久性が確保された。

レベル2（烈震）を想定した耐震補強工事として、一～四階に鋼板耐震壁を新設して大阪城の大黒柱を築造し、柱や梁には炭素繊維や鉄筋を巻き付けて補強が施された。

屋根は、防水工事をしたうえ、銅板瓦の葺き直しが行われた。軒先金箔瓦はすべて新調され、緑青あざやかな銅板瓦は約五万五〇〇〇枚すべてをいったん撤去し、八割を清掃・修復のうえ再使用した。外壁は、従来の壁を生かしながら剝落防止処置としてピンネット工法で下地処理をし、一～四層は徳川時代風の白漆喰塗り、五層は豊臣時代風に墨入りセメントモルタル薄塗りで仕上げられた。大阪城に特有の伏虎《ふくこ》と鯱は一時撤去し、修理したうえ、純金箔を三度押し改めて取り付けられ、燦然と輝く黄金の輝きが甦った。

内部に二基のエレベーターがあるが、一基を最上階の八階まで上がるようにするとともに、車椅子に乗ったままで天守閣内に入れるよう、身障者用エレベーターが小天守台西横に新設され、バリアフリー対策も講じられた。こうして、平成の大改修は三年がかりで一九九七年に終わり、登録有形文化財に登録された。

大阪城天守の文化財価値

一九三一年に再建された現鉄筋コンクリート天守は、徳川の石垣に豊臣の天守を建てたとされた。当時は豊臣時代の石垣が伝わっていると思われていた。しかし、一九五九年の総合学術調査で、豊臣の石垣を埋めて徳川の本丸や天守台の石垣が築かれたことが初めてわかった。

豊臣の石垣は、現天守の南南東の位置から見つかり、大阪市では大阪夏の陣四〇〇年を記念して二〇一三年、豊臣石垣公開プロジェクト事業を開始し発掘の成果を公開することを決めた。豊臣石垣公開施設は二〇二五年春に公開されることになった。豊臣石垣は自然の石をそのまま積んだ「野面積《のづらづ》み」で、徳川石垣の割って加工した石を積み上げた「打込《うちこ》み接《は》ぎ」や石を直方体に仕上げて隙間なく積む「切込《きりこ》み接《は》ぎ」との違いを実見できることになる。

大阪城天守の再建に当たって杭を打った上にコンクリートのべた基礎（厚さ一・八メートル）をつくり、建物の重量を直接石垣にかけない工法と内部を歴史博物館として活用する手法は、その後の各地の復興天守の先駆けとなった。

大阪城の鉄筋コンクリート天守は、昭和初期、日本一栄えていた当時の大阪を象徴するモニュメントであり、その歴史的価値は大きい。その価値をふまえ国の重要文化財に指定してはどうだろうか。

6. 安土城――「幻の安土城」復元プロジェクト

近世城郭の嚆矢

織田信長が琵琶湖に面した安土山に天正四年（一五七六）築いた安土城が近世城郭の嚆矢とされる。

標高二〇〇メートルほどの丘陵全体を利用した平山城《ひらやまじろ》だ。尾張・美濃と京都を結ぶ陸路と水路の要衝の地で、天下統一を進めつつあった信長が居城として最善の地を選んだとされる。

最高所の天主を核に、山腹から山麓、周囲の平地にかけて武家屋敷群を階層にしたがって配置し、「階層的・急進的な城郭構造」を実現するために、「天主、高石垣、巧みな出入り口、瓦葺きで礎石建ちの建物群」をそろえた（千田嘉博『信長の城』岩波新書）。この後に続く近世城郭のかたちを完成した最初の城であった。

天主は地上六階建ての世界初の木造の高層建築物であり、宣教師ルイス・フロイスがヨーロッパにもあるとは思えないほどの壮大さと称えた。天主は、石垣からの高さが約三二メートルで、石垣は高さが約一四メートル、総高約四六メートルと推定されている。

丹羽長秀《にわながひで》が工事責任者で、天正四年（一五七六）四月から石垣工事を始め、石垣工事は一年程度かかった。建築工事は二年程度で、天正七年（一五七九）年五月に信長は天主内に入った。

近隣の山から自然石を運び、自然石と自然石の荒割石を積み上げた野面《のづら》積みの石垣である。この石垣工事は、家臣たちが工区を分担した割普請であったと考えられている。近世城郭以前の土づくりの城と違って、石垣の城には、石材の調達、運搬、仮置き場での保管と管理、石垣の積み上げなど「従来の築造にはなかったマネジメント」が必要だ。本格的な石垣を備えた信長・秀吉・家康流の城づくり、「織豊《しょくほう》系城郭」が戦国期から近世初頭に日本列島に広まっていったのは、総石垣の城を築くことがたんに石を積んだだけでなく、体系的な工事知識と技能が不可欠だったのと関連があるという。

この安土城、天正一〇年（一五八二）に起こった本能寺の変後、天主が焼失。完成後わずか三年で姿を消した。

吹き抜け構造

安土城の建築様式に関する資料として、城下を訪ねた宣教師の手紙類や信長の家臣太田牛《ぎゅう》一《いち》の『信長記』、加賀藩大工池上右平《うへい》の『天守指図《さしず》』等がある。天守台跡の発掘調査は一九四〇年（昭和一五）、滋賀県によって行われ、石垣の外側は上部約三分の一が崩壊していたが、内部石蔵（地階）には天正創建時の礎石と礎石間の叩き漆喰層が残存していた。

建築史上、安土城天主復元図は、一九三〇年（昭和五）、土屋純一名古屋高等工業学校教授（当時）によるものを初めとし、その後各種の復元案が示されている。

そのうち一九七六年に内藤昌《あきら》名古屋工業大学教授（当時）の発表した復元図は、上記『天守指図』を発掘成果や『信長記』と比較考証し、礎石は中央部の一つだけがもともと欠けていたこともあり、内部構造は四階吹抜けの、日本の木造建築としては独特のものとした。望楼式五重六階地下一階で、地階は不整形な七角形。外観は下見板《したみいたば》張りで、初重の軒先が斜めに傾斜するなど複雑に入り組んだ屋根が特徴。五階は八角形で朱塗りの柱、六階は四角形で金箔押しである（内藤昌『復元安土城』講談社）。

内藤氏の五階と六階の原寸大復元は、一九九二年、セビリア万博の日本政府館に出展され、終了後は日本に持ち帰り、安土城近くの安土城天主信長館に復元、公開されている。五階外陣

近江八幡市 VR 安土城「大手門前より天守見上げ場面」

と内陣は、戦国時代の天才的絵師狩野永徳に描かせた「金壁障壁画」も復元されて見学できる。

「幻の安土城」復元プロジェクト

安土城の資料には、城と城下町を詳細に描いた「安土山屏風図」がローマ法王に献上されたことが記録にあり、一九八四年に滋賀県が、二〇〇四年に安土町（現・近江八幡市）が調査団をイタリアに派遣して調査したが発見されていない。

二〇二六年に安土城築城四五〇年を迎えることから、にわかにブームが盛り上がってきた。二〇一八年、滋賀県経済産業協会が観光振興のために新たなランドマークをと安土城天主の再建を滋賀県に陳情した。同協会では、鉄筋コンクリート造りの場合、建築費は約三〇〇億円と概算。滋賀県の見立てでは、木造なら名古屋城天守と同額程度という。

滋賀県の三日月大造《みかづきたいぞう》知事の肝いりで、二〇二六年の安土城築城四五〇年祭を目標に三つの柱、①安土城の実像の解明と現地の保全、②安土城の見える化の検討、③安土城復元に向けての機運醸成からなる「幻の安土城」復元プロジェクトを立ち上げた。

二〇二〇年七月に県民アンケート、九月から一〇月にかけて全国を対象にパブリックコメントを公募した。同年四月、文化庁が史跡内における歴史的建造物の復元基準を見直したことから、①現地に忠実（復元）、②忠実でなくても現地に建てる（復元的整備）、③現地以外に建てる、④とにかく建てる、の四つの項目を設けて公募した結果は、「建ててほしい」五二件（四三・三パーセント）、「建てなくてもよい」六四件（五三・三パーセント）と真二つに別れた。

文化庁が復元基準を見直したといっても、安土城天主の場合、復元の基となる史資料が不足しており、木造復元の現状変更許可が下りる条件はない。私は、滋賀県のパブリックコメントを求めるやり方に疑問をもってみていた。

「安土城の見える化」

案の定、二〇二〇年一一月、滋賀県は二〇二六年の安土城築造四五〇年祭に向けて、復元ではなく、最新のデジタル技術を用いて「安土城の見える化」を図る方針を打ち出した。

二〇二一年には、安土城の実像解明の一環として、「赤色立体地図の作成」に取り組んでいる。赤色立体地図とは、航空測量によって得た三次元データをもとに、地形を赤色の濃淡で表現した地図だ。等高線によって表現していたこれまでの地図にくらべて、地形の凹凸が明瞭に表現でき、細かな地形の変化がわかる。

滋賀県では、二〇二三年三月に「特別史跡安土城跡整備基本計画」をまとめ、特別史跡安土城跡を地元固有の財産としてだけでなく、国民的な文化遺産として守り活用することを基本目標に掲げている。そして、現在公開されている範囲を中心に、六つのゾーンを設定し、事業を実施することにしている。

近世城郭のエポックをなす天主があった天主台は、一九四〇年（昭和一五）、一九九八年、二〇〇〇年と発掘調査が行われたが、天主台全体としての総合的な調査整備は行われていないので、現在も焼失後に埋もれたままの天主台の発掘調査を実施し、史跡の本質的価値を顕在化する整備が必要であるとしている。

天主が焼け落ちた方向といわれる天主台北東側の発掘調査が二〇二三年一〇月に始められ、天主台の石垣を人為的に崩したような形跡が見つかった。本能寺の変の後、織田家に代わって政権を奪った豊臣秀吉が、安土城を廃城にするにあたって目立つところを象徴的に「破城」した可能性も指摘されている。

安土城の天主や天主台石垣については、研究者の間で復元図が大きく異なっており、いたずらに復元をめざすより、資料の収集や発掘調査など調査研究を深めるべきだろう。また、大手道周辺地区、旧摠見寺《そうけんじ》・百々橋道《どどばしみち》地区、搦手道《からめてみち》周辺地区は「主要城内道周辺一帯ゾーン」として再整備や整備の必要性が謳われている。

7. 小田原城――木造化も視野に耐震補強

江戸防衛の拠点

小田原は、東京からほどよい距離にあり、豊かな自然に恵まれ格好の観光地になっている。その観光のシンボルが、小田原城である。

小田原は、江戸幕府にとって防衛の拠点であり、東海道有数の宿場町としても栄えた。戦国時代には、戦国大名として関東を広く支配した北条氏が、居館を現在の天守の周辺に置き、背後の八幡山《はちまんやま》を詰《つめ》の城として、八幡山から海側にかけて小田原の町全体を土塁《どるい》と空堀《からぼり》で囲んで全周約九キロの総構《そうがまえ》とし難攻不落、無敵の城として知られていた。

しかし、天正一八年（一五九〇）の豊臣秀吉の小田原攻めで、小田原城は開城し、北条氏は滅びた。ただし、秀吉方の大軍は総構を越えることはなかった。この後、大坂城はじめ多くの近世城郭に総構が設けられるようになった。

その後、小田原城は、徳川方の重臣大久保忠世《ただよ》や稲葉正勝《まさかつ》によって改修された。土塁のみの城が多い関東ではめずらしく主要部は総石垣造りの城で、本丸に天守が建てられ、二の丸や三の丸などが設けられた。しかし、八幡山は放置され、総構の遺構も一部が残っており、近世城郭と中世城郭の双方の遺構が残る全国的にもめずらしい城である。

明治維新を迎え、新政府が一八七三年（明治六）、いわゆる廃城令を出すのに先立って、明治三年（一八七〇）、廃城願を出して天守などが売却され解体された。

現在の天守は、一九六〇年、鉄筋コンクリート造り、三重四階（現在は五階）、本瓦葺きで復元された。現存している三重天守雛型や図面をもとに、藤岡道夫東京工業大学教授（当時）が設計。小田原市が相模湾を見渡す展望施設を強く望んだため、本来なかった高欄付き廻縁《まわりえん》が最上階に付設されている。現在、小田原城の本丸、二の丸一帯に相当する「城址公園」は国指定史跡、都市公園に指定され、史跡整備が進められている。

鉄筋コンクリート造り天守の耐震補強

耐震対策が具体化したのは、二〇〇九年、小田原市がまとめた市の諸施設の「耐震改修促進

小田原城天守（鉄筋コンクリート造り）

計画」の中で、二〇一五年までに小田原城天守の耐震改修を行うことが位置づけられた。三・一一東日本大震災が起こった二〇一一年に、学識経験者八人による小田原城天守閣耐震改修等検討委員会を設け、検討を開始した。

耐震診断では、震度六〜七程度の地震の振動および衝撃に倒壊、または崩壊する危険性が低いとされるIs値〇・六以上の国土交通省告示を下まわっていた。

そこで、耐震補強のための改修方法について検討されたが、小田原市のユニークなところは、改修規模の大小で耐用年数にどのような差異が現れるかを比較し、改修方法を決めたことだ。もっとも経済界や市民の間から木造化を望む声もあり、それも合わせて比較検討された。

二〇一二年二月九日の同検討委員会の資料によると、まず改修の目標だが、「大規模改修」は、「問題点の根本的解消を目指し、使い続ける」こととし、「小規模改修」は、大震災などの際に「人の避難を優先」し、「倒壊防止および耐久性維持」を図る。「大規模改修」の工事内容は、靭性《じんせい》＋強度型、コンクリートの再アルカリ工事など。「小規模改修」は、靭性型補強（プレキャスト的工法）など。耐震効果は、「大規模改修」は「靭性耐力および強度耐力を向上させる長期的対応で耐用年数は五〇年程度」、「小規模改修」は「主に靭性耐力向上の短期的対応で一〇〜二〇年」。

費用の目安は、「大規模改修」が約一六億円、「小規模改修」が七億三〇〇〇万円、「木造再建」が四八億六八〇〇万円と見込まれた。

最終的に「小規模改修」の方針が決まった。ポイントは、「木造再建を視野に入れた小規模改修」とされているところだ。小田原城は、寛永地震（一六三三年）、元禄地震（一七〇三年）、天明地震（一七八二年）、相州小田原大地震（一八五三年）、関東大震災（一九二三年）など相次ぐ震災に見舞われ、天守が傾いて轆轤《ろくろ》で引き起こすなど地震との闘いに明け暮れてきた。今後、東海地震、東南海地震が懸念される中で、中途半端に大規模改修をし、直後に大震災で罹災したら元も子もない。それなら、大震災の際の被害を最小限にとどめ、震災からの復興に木造化すればいいのではないかとの底意も含まれているという。

具体的な耐震補強として、天守の柱と柱の間に耐震壁を計三二か所設置し、地震時に柱等にかかる負担を減らすため柱と壁の間に耐震スリットを計九か所入れた。附櫓には、鉛直鉄骨ブレース七か所と水平鉄骨ブレース一四か所を入れ補強した。

耐震補強工事は二〇一五年七月から翌一六年三月まで行われ、五月一日再オープンした。

展示のリニューアル

耐震補強に耐震壁を採用したため、展示スペースが分断される一方で、壁面は大幅に増えたこともあり、展示は全面的にリニューアルされた。小田原市には、市教委、市長部局などに歴史、美術、考古など学芸員が一六人いて、総参加で展示を分担した。歴史観光の拠点として小田原城を中心に、小田原の歴史的魅力を発信する展示だ。なかでも最上階には江戸時代に藩主が奉安した摩利支天《まりしてん》像を安置する空間を再現し、天守の性格を顕示するなど工夫が凝らされている。

名古屋城も木造天守復元を見込んで現コンクリート天守の耐震補強をして存続させ、櫓や門の復元など城全体の整備を図るべきだったのではないだろうか。いまからでも仕切り直しはできないだろうか。

8. 岡山城――観光振興と歴史展示の両立

日本の三名園のひとつ「後楽園」と旭川を隔ててそびえる岡山城天守。後楽園の背後に高層ビルが林立することのないよう高さ制限を設けるなど、岡山県は景観施策に早くから取り組んでおり、落ち着いたたたずまいを見せている。周辺には、藩主家に伝わった武器武具、美術工芸品などを所蔵する林原《はやしばら》美術館をはじめ県立博物館、県立図書館など文化施設も多く文化ゾーンを形成している。

岡山城天守は、第二次世界大戦の空襲で焼失した旧国宝天守の一つで、秀吉と縁の深い宇喜《うき》多《た》秀家《ひでいえ》が慶長二年（一五九七）頃に築城した。天守は五重六階で、著しく不整形な平面五角形の天守台に建っていた。不整形な天守台は、近世城郭の嚆矢とされる信長の安土城もそうであるように古い形態である。壁には黒塗りの下見板が張られ、その色から烏城《うじょう》との別名がある。一九六六年に鉄筋コンクリート造りで再建された。再建天守には地階も設けられ、地上は六階である。

天守の耐震診断と耐震補強による大改修

二〇一七年度に行われた耐震診断の結果、天守は、大規模地震（震度六強から七）の振動および衝撃により倒壊または崩壊する危険性があるとして、耐震補強が必要と判断された。

この結果を受けて、天守の木造復元を行おうとの声は特になく、岡山市では耐震補強を行う検討に入り、二〇一八年度にリニューアルの検討を、一九年度に基本設計、二〇年度に実施設計を行い、二一年六月から天守を閉館し、一年あまりかけて耐震補強工事を行った。

「岡山城天守」は、二〇二二年一一月三日にリニューアルオープンした。オープンイベントは、岡山城本丸を中心に六日まで四日間かけて行われ、岡山城鉄砲隊による祝砲や武将隊の演武合戦、伊賀忍者特殊軍団の実演などが披露された。

屋外エレベーターの設置は見合わせ

なお、現岡山城は、本丸の「下の段」までは車いすでも入れるが、天守のある「本段」（天

岡山城天守（鉄筋コンクリート造り）

守前広場）に至る経路はすべて階段で、スロープの併設も難しい。そこで、「下の段」から「本段」に上がるエレベーター設置が検討された。天守台石垣に直接接続する案など三案が検討された。

ところが、それではエレベーターが後楽園、旭川から丸見えで景観を損なう。またほかの案も景観や地下遺構に影響が大きいとして、文化庁との協議もふまえ、屋外エレベーターの設置は見送ることになった。

車いすで入れる本丸「下の段」にある管理事務所でVRによる展示案内を見ていただくという。屋外の階段には手すりを設けるほか、園路を舗装し点字ブロックを設置する。案内板に展示パネルを設ける。

天守の大改修に合わせ展示のリニューアル

天守内には地下一階から地上四階までエレベーターが設置されている。見学客は、まず最上階の六階から市内を眺望する。展示は、五階が町の成り立ちを説明し、四階は岡山城と城下町とそれをつくった宇喜多父子を、三階は関ヶ原合戦と岡山を解説し、二階は博物館並みに空調機能やガス消火設備などを備え文化財展示機能を充実させた。一階は、これまでも力を入れてきたコンベンションやレセプションなどの会場として使える多目的利用の場とし、これまであった備前焼の体験コーナーを屋外の管理事務所の隣に移設した。地階には岡山城本丸模型や絵図などによりコンテンツ展示を充実させた。

こうした天守閣内の展示は、岡山出身の歴史家磯田道史氏の監修により、岡山城とその歴史の魅力にいざない、「初心者にとっても分かりやすい、岡山の歴史の入り口」として利用してもらいたいとする（岡山市観光振興課）。

史跡岡山城の整備と活用

岡山市教育委員会では、現鉄筋コンクリート天守の復元以降、岡山城跡の整備に取り組んできた。一九八七年、岡山城跡は史跡に指定された。本丸中の段の本丸御殿跡の発掘調査と、それにもとづく間取りの表示展示、本丸石垣の解体修理や間詰石《まづめいし》の補強、下の段にあったテニス場を廃止して蔵跡の発掘と遺構表示を行うなどの取り組みだ。二〇二〇年度には、下の段にあった、登城する藩士の家来たちが待機するための建物「伴腰掛《ともこしかけ》」を木造復元した。

続いて本丸下の段の虎口《こぐち》にあった「内下馬門《うちげばもん》」と「太鼓櫓《たいこやぐら》」を木造復元できないか、史資料の調査に取り掛かるという。

岡山市の観光客の訪問先は、コロナ禍の前は、後楽園が年間八〇万人台に対し、岡山城はその半分にも及ばず、後楽園と岡山城、それに近隣の文化施設の一体化した誘客は大きな課題となっていた。岡山城では魅力アップ事業として天守の夜間一棟貸しなどが行われている。今回のリニューアルで文化財の展示機能が充実したこともあり、今後は歴史文化を活かした観光振興が図られるよう期待したい。

9. 福山城——お城をＪＲ駅前の顔に

重文伏見櫓と鉄筋コンクリート造りの復興天守

福山城は、ＪＲ山陽線が内堀跡を突っ切って走っており、福山駅の新幹線ホームから天守が見渡せる。

江戸幕府の成立後、外様大名の多い西日本に睨《にら》みを利かす（西国鎮衛）ため、徳川家康が、いとこの水野勝成《かつなり》を備後に封じ、元和八年（一六二二）、勝成が福山城を築いた。一国一城令も出た後、近世城郭としては最も新しい段階に築かれた城である。

現存する伏見櫓は、勝成が二代将軍秀忠から伏見城の櫓を拝領したもので、桃山様式の古い様相をとどめている。解体修理で梁に「松ノ丸ノ東やくら」の墨書が発見され、伏見城に「松の丸」があることから移築されたという伝承を裏付けた。豊臣時代の伏見櫓が焼け残ったものだとの見方もあるが果たしていかがか。天守を除くと熊本城の宇土櫓とならんで最古級であり、将来の国宝を目指して調査が続けられている。

第二次世界大戦末期、広島への原爆投下から二日後の福山空襲で旧国宝の天守などが焼失。その後、福山市制五〇周年記念事業の目玉として、一九六六年に鉄筋コンクリート造りで復興された。元は五重六階だったが、復興天守は五重七階になっている。古写真等の資料が比較的多く残っていたにもかかわらず、史実よりも現代的な美観が優先され、窓の形状や配置など多くの点が旧状と異なっている。

城は「封建支配の象徴」

市をあげて復興したにもかかわらず、城は「封建支配の象徴」だとして顕彰に反対する動きが出て、福山城は長らく放置されてきたのが実情だ。一九六四年に国史跡に指定されたにもかかわらず、保存活用計画もないままだった。

前市長時代の二〇〇八年、ＪＲ福山駅前に地下送迎場を造る工事に先立つ発掘調査で、外堀の石垣、入り江につながる「お水門」の石垣が見つかった際には、一三万筆もの保存を求める署名が集まり、市長選挙の争点になったこともある。城の縄張りはわかっており、ＪＲ駅前の

福山城天守（鉄筋コンクリート造り）

地下の開発は避けられてきたが、なぜかこの時は車の送迎場が計画された。それでなくてもJR駅前の空洞化が進み活性化が課題とされたが、振興策とは結び付かない公共事業との批判が出た。地下駐車場はどこにでもあるが、地下送迎場は全国唯一とされ利用実績は低調だ。

新市長が福山城整備を宣言

その後、二〇一六年夏の市長選挙で初当選した枝廣直幹《えだひろなおき》市長が、福山城を福山の顔にふさわしく整備したいと宣言。市民の間でにわかに城の整備へ関心が高まった。さっそくJR福山駅の名を「福山城駅」と変えてもらうようJRに要請すべきとの質問が市議会で出た。

枝廣市長が打ち出した方針にもとづいて市教委では、建ててから五〇年あまりたつ復興天守の耐震診断に乗り出した。また学識経験者による委員懇談会を設け、保存活用計画の検討を始めたほか、築造四〇〇年の二〇二二年、入府四〇〇年の二〇一九年にむけ記念事業を企画する委員会を立ち上げるなど矢継ぎ早に対策を打ち出した。

二〇一八年三月にまとまった「史跡福山城保存活用計画」では、「本質的価値」として、①日本城郭の最高到達点に位置する巨大な城、②山を造成した三段の総石垣、③伏見櫓等の現存建物遺構の希少性・貴重性を掲げている。

福山城伏見櫓（重要文化財）

同年四月に耐震診断の結果がまとまり、鉄筋コンクリート造りの天守、月見櫓、鏡櫓と木造の湯殿のいずれも、新耐震基準（一九八一年施行）以前の基準で設計され、耐震補強が必要なことがわかった。このため、福山市では耐震補強することに決め、二〇二〇年一〇月にまとまった「史跡福山城跡整備基本計画」にその方針を盛り込んだ。

福山市では、二〇二〇年三月に耐震補強工事の実施設計を終え、八月から福山城博物館を閉鎖して耐震改修工事に取り掛かり、福山城築造四〇〇年にあたる二〇二二年九月に内部の展示もリニューアルしてオープンした。

耐震工事が行われた鉄筋コンクリート造りの天守（福山城博物館）、月見櫓、鏡櫓は、耐震壁や鉄骨ブレイスで補強し、外壁の劣化改修や全面塗り替えをし、内装も改修された。木造復元の湯殿は石垣にせり出した懸け造りで、床下の一部が補強された。

福山城は、北部は川を利用して堀にあて石垣を築いていないので、天守の北面の壁一面に鉄板を貼付けた全国唯一の城として知られていたが、復興された鉄筋コンクリート天守には貼られていない。そこで、今回の耐震補強にあたって往時に復そうと鉄板が張りつけられた。おりしも工事が進められている矢先に、天守に張られていたとみられる鉄板の破片二片（縦二五・四×横一一・三センチ。縦二四・三×横七・六センチ）が市内の市民の家の倉庫から、同じく福山城のものとみられる瓦や瓦釘と一緒に箱に入っているのが見つかり話題を呼んだ。

木造復元の湯殿

また、これまで天守にはエレベーターがなかったが、今回の改装を機に最上階まで設置された。

天守は博物館の認定は受けているが、かつての展示内容について中身が薄いと評判が悪かった。リニューアル記念の特別展を訪ねたが、歴代藩主の遺品の展示が中心で、福山築城を機に開けた福山全体の歴史についての展示は不十分との印象を受けた。映像展示など最先端機器などを導入して入館者の満足度の高い展示とし、多くの市民や観光客に親しまれる博物館として、福山の魅力発信に努めるとされたが、はたしてその目的は達成されているだろうか。学芸員の充実など調査研究機能の充実が課題ではないだろうか。

史跡内の樹木が繁茂して、ＪＲ駅から天守が望みにくい状況であったことから、樹木の伐採が行われ、重要文化財の伏見櫓、鐘櫓、天守がそろって見える眺望が確保された。

リニューアルを終え、福山市は月見櫓や天守、湯殿等を利用して一泊二食二人一三二万円の城泊《しろはく》を二〇二四年七月から始めることになり、活用重視に大きく踏み出そうとしている。

城周辺の整備、駅前活性化との一体計画が課題

福山城周辺の景観形成のために二〇二〇年三月に福山城周辺景観条例が施行された。

福山城跡やその北部の神社仏閣群など城下町の風情を残す地域は、一九三九年（昭和一四）に都市計画法にもとづいて「福山城跡風致地区」（三二ヘクタール）に指定され、一九七〇年に福山市が条例を設けて建築物の高さを一五メートルに制限してきた。新たな条例では、「福山城周辺景観地区」を設け、福山城跡の両側の「内エリア」（約一九ヘクタール）は天守基台部の地上二三メートルに、さらに外側の「外エリア」（約一六ヘクタール）では高さ三一メートルに規制された。天守を中心とした鉢状の高さ制限を設けることで、天守の背景に広がっていた青空を再生することをめざしている。

福山城周辺景観地区条例の対象になる地域はＪＲ福山駅北側で、前述した地下送迎場があるのは駅南側だ。駅南側の地上には、バスターミナルをはさんで二つの再開発計画があり、その

うち一つは再開発された。しかし、人々が寄り集まってくる界隈性に欠けるので、広場機能が必要ではないかとの声が絶えず、福山市が駅前のタクシー乗り場を移行して賑わい広場を設ける試みを始めた。

福山城の整備と駅前の整備を一体として進めることができるかどうかが大きな課題だろう。

福山城と鞆

なお福山は瀬戸内海の港町、鞆《とも》と深い関係がある。福山市の原点は、初代福山藩主水野勝成による福山城の造成だが、勝成は、瀬戸内海の要衝鞆に上陸し、備後の中心地だった神辺《かんなべ》城に一時居を構えた後、陸海の交通の便のよい福山に城を築いて福山藩の拠点にした。鞆には代官所をおいて港町を支配した。

勝成以降代々の藩主は能楽を好み、鞆の氏神、沼名前《ぬなくま》神社にある能舞台は組み立て式で重要文化財に指定されている。二代福山藩主が二代徳川将軍秀忠から拝領した伏見城の能舞台を移築したものだとの説もある。能の喜多流は徳川秀忠の許しを受けて成立したが、いまも福山には喜多流大島家があり、二〇二二年に福山城築造百年を記念して新作能「福山」を披露し寿いだ。

港町として栄えた鞆には、常夜灯や雁木など江戸時代以来の歴史的港湾施設が存続しているうえ、江戸・明治期以来の本瓦葺きの町家がいまも多く残り、地割も旧態をよく伝えているとして二〇一七年に伝統的建造物群保存地区に選定された。

福山と鞆とを一体とした歴史文化観光の振興は大きな課題だろう。

10. 尾道城——景観形成で城郭風建築物を除却

〝尾道城〟？

瀬戸内海沿いの港町で商業都市として栄えた尾道は、海岸の背後に三つの山（尾道三山）が東西にならび、山麓に多くの寺社がある〝坂の町〟である。

ＪＲ尾道駅のプラットフォームから背後の千光寺《せんこうじ》山を見上げると〝尾道城〟があった。外観は、三層で瓦葺きの屋根があり、その下に〝天守台〟石垣がある。

しかし、これは、もともと城がなかったところに建てられた鉄筋コンクリート造りの模擬天守というか城郭風の建築物である。内部は四階で、土台は石垣を積み上げているが、上部は鉄筋コンクリート造りで、外側に石を張り付け内部が一階となっている。

東京オリンピックが開かれた一九六四年に、観光客が増加するのを見込んで実業家が建てた。

かつての〝尾道城〟と尾道駅

資料館と展望所として使われ、鎧兜《よろいかぶと》、刀剣、陣羽《じんば》織《おり》、古美術などが展示されていた。ところが、しょせん本物でない悲しさ、観光施設としての役割を十分はたせず、三〇年足らずで閉鎖され、片側の鯱がとれるなど惨状をさらすこととなった。

日本遺産「尾道水道が紡いだ中世からの箱庭的都市」

尾道は、「尾道水道が紡いだ中世からの箱庭的都市」として「日本遺産」に、事業開始初年度の二〇一五年に認められた。海の川とも称される尾道水道に面し、山麓から狭小な市街地にかけて中近世以降の歴史的建造物などが残り、箱庭的都市をなす。

尾道市は、じつは私の生まれ故郷で、尾道市の日本遺産認定には懐かしい思い出がある。平谷祐宏《ひらたにゆうこう》尾道市長が初当選した二〇〇七年、当時私はNHKの解説委員で、東京駅近くにあった尾道事務所で平谷市長と初めて顔を合わせた。文化遺産、景観などを専門に取材していたこともあり、文化庁が地域の文化財をストーリーでつないでまちづくりに生かす「文化財総合的把握モデル事業」を予定していることを市長にお知らせした。調査にかかる費用は全額文化庁が負担するパイロット事業で、平谷市長はすぐに文化庁に働きかけて調査事業を誘致した。その時の文化庁の文化財部長が尾道出身の木曽功《いさお》氏（のちのユネスコ大使）だったことも幸いした。

この「文化財総合的把握モデル事業」の成果をもとに、尾道市の「歴史文化基本構想」がつくられ、日本遺産認定に結び付いていくことになった。平谷市長から、平成大合併の直後でもあり、合併地域の歴史遺産を洗い出せたことは合併地域との一体性を創り上げていくうえで大いに役立ったと聞かされた。ちなみに尾道市は、「〝日本最大の海賊〟の本拠地：芸予《げいよ》諸島「荒波を越えた男たちの夢が紡いだ異空間〜北前船寄港地・船主集落〜」も認められ、三つの日本遺産の認定を受けている。景観や文化遺産を活かしたまちづくりをめざしており、「歴史まちづくり法」の認定を受けてまちなみの整備を図り、観光にも活かしている。

話を尾道城に戻そう。尾道ゆかりの作家、林芙美子は、上京後初めて尾道に帰ってきた際、「海が見えた。海が見える。五年振りに見る。尾道の海はなつかしい」と港町特有の景観に接した感慨を代表作『放浪記』に記している。ところが、事情を知らない観光客がこの城を見て、尾道を港町ではなく城下町と勘違いすることも少なくなかった。当初この〝天守〟は千光寺山の頂上部に建てようと意図したが認められず、頂上の肩部に建てられたことから、余計に目立つ建物となった。観光客ならまだしも、尾道で生まれ育った若者が、この〝天守〟を見上げて尾道を実感したと書いている文に接して、困ったものだと思ったこともある。尾道の歴史を見誤らせる景観阻害要因だったのである。

城郭風建築物の除却と展望スペースの設置

そこで平谷市長は、千光寺山頂上部の公園整備事業の一環として、〝尾道城〟を解体撤去して、〝天守台石垣〟を利用して新たな視点場に変えることにした。国土交通省の社会資本整備総合交付金を受ける都市再生整備計画事業とし、景観と歴史的風致を活かして都市の活性化と市街地の賑わい再生につなげたいとする。

土地・建物は所有者から寄付を受け、二〇二〇年の年明けとともに解体作業が始まった。石垣のような基礎と一体となっている一階部分を利用してウッドデッキの床と転落防止用のフェンスを整備し展望スペースを造る。二〇二二年三月一一日にオープンした。

この視点場、愛称を公募し、「MiTeMi（みてみ）」と名づけられた。

また、尾道市では、千光寺山頂上部にある円筒形の山頂展望台が、建築後六〇年ほどたち耐震問題を抱えていることから解体して、新たにブリッジ様式の展望デッキを設けることになった。新展望台は、長さが六〇メートルほどあり、山々のスカイラインを守るため、山頂に突出することを避け、細く、軽い橋梁型となっている。ロープウエイの山頂駅と接続したエレベーターでブリッジに上り下りできるようになっており、ベビーカーや車いすの人も安心して利用できるようになっている。この展望デッキは、「頂上」を意味する「PEAK（ピーク）」と愛称され、二〇二二年三月二九日にオープンした

尾道の景観施策には前史がある。一九九〇年、本堂、多宝塔とともに境内地全域が国宝に指定されている浄土寺の境内から尾道水道を見渡す景観をさえぎるように計画された高層マンションに市民の反対運動が起こり、計画を中止させて敷地に美術館が創設された。当時の亀田良一市長が、尾道三山の古寺周辺やその両側に広がる尾道水道までの市街地一五〇ヘクタールの世界遺産をめざす政策を打ち出し、それを背景に二〇〇七年、尾道市景観条例と屋外広告物条例を制定した。その条例をもとに、尾道市では海から眺める景観と山から海を眺める景観の双方を両立する景観確保をめざしている。

それを最後に亀田市長は引退し、いまの平谷市長が誕生した。平谷市長は、世界遺産をめざすのは現実的でないと取りやめたが、景観を重視するまちづくりと観光振興に取り組んでいる。

11. 広島城——国際平和文化都市の天守復興

広島城は、天正一七年（一五八九）、毛利輝元《てるもと》が、居城を中国山地の吉田郡山《よしだこおりやま》城から瀬戸内沿いに移すべく、太田川デルタ上に築城した。天守は前期望楼型で、五重五階地下一階。西と南に付属櫓をもつ複合連結式をなす。関ヶ原の戦い後、福島正則《まさのり》が安芸・備後を与えられ入城したが、水害にあった城の無断修復や鞆城（福山市）の無断築造などを咎められ改易《かいえき》された。その後、浅野氏のもとで明治維新を迎えた。

その後も軍事施設の歴史は続き、明治四年（一八七一）の廃藩置県とともに鎮西鎮台第一分営、広島鎮台をへて、一八九四年（明治二七）に日清戦争が勃発すると城内に広島大本営が置かれ、明治天皇が行幸した。当時、広島は、東京を起点とした鉄道網の西端であり、大型船を運用できる宇品《うじな》港があったことによる。広島大本営は一八九六年（明治二九）に解散し、一九二六年（大正一五）に城内にあった大本営跡は史跡指定された。

広島城は、一八七四年（明治七）に本丸と二の丸の火災で本丸御殿が焼失したが、一九三一年（昭和六）に現存していた天守は国宝保存法にもとづいて国宝に指定された。この当時、天守と東走櫓《ひがしはしりやぐら》・裏御門の一部・中御門・表御門・二の丸の平櫓《ひらやぐら》・多聞櫓《たもんやぐら》・太鼓櫓など江戸時代以来の建造物が残っていた。しかし、一九四五年八月六日の原子爆弾の投下で、広島城の天守は倒壊し、門や櫓は焼失し石垣を残すだけとなった。

天守の復元

戦後、天守復興の動きが起こったが、本丸に自由の女神のレプリカを建立すべきとの運動もあり、文化財関係者の間では、被爆で廃墟になった現状こそ価値があるとの意見も出されるなど賛否が分かれた。

そうした中、一九五一年に広島国体を記念し、木造仮設天守が築かれ、国体開催後に解体された。天守のまわりには木製のジェットコースターが設置されていたという。博物館としての利用はこの頃からとされる。

そうして天守復興の機運も高まり、一九五八年、広島復興大博覧会が開かれるのを記念して、天守を鉄筋コンクリート造りで復興することになった。前年着工し、工期は五か月で竣工した。

現「天守閣」であり、「広島城郷土館（現広島城博物館）」として開館した。

復興天守は、初代天守を忠実に再現している。ただし、最上階のみ木造で、展望用にあてる。天守台を補強するため、モルタルで栗石を固めた。懸魚《げぎょ》は、倒壊前ではなく、創建当初のものを想定して復元。突上窓を連子窓《れんじまど》（格子窓）に変えるなど形式の変更もある。

二の丸復元

その後、一九八九年の築城四〇〇年を記念して復元事業を進めることになり、「保存管理計画」（一九八八年）、「整備基本計画」（一九八九年）をあいついでまとめた。

その中で、整備は二期に分け、第一期は、一九八九年から五年以内に、二の丸を整備。第二期は、本丸および城跡外周部を、現鉄筋コンクリート天守が耐用年数に達するまでに整備することとされた。

その計画のもと、一九八七〜八八年に、二の丸の発掘調査が行われた。その成果と第五師団経理部作成の実測図、陸軍築城本部編『日本城郭史資料』や古写真をもとに、一九八九年から一九九四年にかけて、二の丸の太鼓櫓・多門櫓・平櫓が木造伝統工法によって復元された。

広島城天守閣（鉄筋コンクリート造り）

天守の木造復元をめざす

二〇一九年の「浅野氏入城四〇〇年」にむけ、広島市では、同年一〇月、有識者による「広島城のあり方に関する懇談会」を設け、今後の整備活用のあり方について意見を聞くことにした。三回の会議をへて二〇二〇年五月、「本丸・二の丸・三の丸各ゾーンの基本的な方向性と具体的な活用方策」についての「広島城基本構想」をまとめた。

史跡広島城跡を含む中央公園には、広島市立中央図書館、ひろしま美術館、県立総合体育館もあることから、「文化を醸し出す空間」「歴史ゾーン」として整備するコンセプトを打ち出し、広島城は、「江戸時代後期」を基準に整備し、重層的な歴史性を基本とした魅力づくりをはかるとしている。

耐震診断の結果は、「天守閣」は震度六強から七に達する程度の大地震で倒壊または崩壊の危険性があるとのことであった。それをもとに、二〇二〇年一二月、木造復元と耐震改修との利点と課題とをまとめた耐震対策案をまとめ、比較検討の結果、二〇二一年三月、懇談会の意見集約を行った。

それによれば、木造復元をめざし、文化庁とていねいに協議を行いながら本格的な調査検討を進めるよう提案している。「天守閣」だけでなく東小天守・東廊下・南小天守・南廊下、中御門、裏御門も木造復元、資料不足の場合は復元的整備を図るとする。三の丸は、にぎわい施設の整備を図り、三の丸展示収蔵施設は「広島城の歴史（武家文化と町人文化）」に特化してはとする。

これを受けて、松井一實《かずみ》市長は翌四月七日の会見で、①石垣の現況調査、補強の要否、②事業の推進体制、③財源の確保、④市民の機運の醸成の四つの課題をあげ、「被爆からの復興の象徴であり、町の名の由来ともなっている広島城の木造復元を市民の機運醸成の中でやっていきたい。広島城を、『国際平和文化都市』の顔にしたい」と訴えた。

広島市では、「広島城基本構想」をもとに、史跡広島城跡保存活用会議を設け、二〇二二年二月に第一回会議を開き、保存活用計画の策定や史跡広島城跡整備基本計画の改定とともに、木造復元をめざすうえでの課題や天守を支える石垣保存のあり方、天守台周辺の埋蔵文化財の発掘調査など対応策の検討に入っている。会議の座長は、建築史の三浦正幸広島大学名誉教授で、日本史、考古学、石垣（土木工学）、史跡整備、公園整備、植物学、観光など一〇人の委員から構成されている。

同会議は、二〇二二年度に石垣部会、二〇二三年度に天守閣部会と埋蔵文化財部会を設置して天守木造復元の課題や対応策を検討し、保存活用計画のとりまとめを急いでおり、その中で天守の木造復元については引き続き調査検討することにしている。

「国際平和文化都市」の顔

近代に軍事都市として発展した広島は、大きな犠牲をへて「国際平和文化都市」に変貌を遂げた。原爆ドームの世界遺産登録が世界遺産委員会で審査された際、アメリカが友好を妨げる、中国が被害国は日本だけではないと登録に慎重、反対の意見を表明したことから、原爆ドームを「広島平和記念碑」と位置付けることで登録を実現した。

原爆ドーム周辺の平和公園と史跡広島城跡を含む中央公園の回遊性を確保した平和ツーリズムが課題となっている。

ちなみに、いま広島では、旧陸軍の軍服や軍靴を製造していた「旧広島陸軍被服支廠」のレンガ建物の保存が課題となっている。一九一四年（大正三）に完成した一三棟のうち四棟がL字形に残っており、県が老朽化を理由に三棟のうち一棟を残して解体する方針を打ち出したが、国保有のもう一棟も含め保存運動が起きた。広島県が三棟を耐震化する方針を固めたのに続いて、国も保存の方針を打ち出し、二〇二三年一一月に文化庁の文化審議会が、これら四棟の建物を国の重要文化財に指定するよう文科大臣に答申し、二〇二四年一月にこれら四棟の建物が国の重要文化財に指定された。

12. 大洲城――城泊の試み

キャッスルステイ

大洲《おおず》城のユニークな木造復元は第Ⅰ部で紹介したが、ここではその活用についてふれよう。観光庁がインバウンドの増加もあてこんで、キャッスルステイ（城泊）や寺泊《てらはく》など、体験型宿泊コンテンツを開拓する取組みを推進している。

愛媛県大洲市にある大洲城の城泊は、城主に扮して甲冑《かっちゅう》や着物姿で入城する〝城主入城体験〟から始まり、鉄砲隊による本物の火縄銃の祝砲で迎えられる。この後、伝統芸能を鑑賞、夕食は、国指定重要文化財の高欄櫓《こうらんやぐら》で愛媛の食材をふんだんに使った殿様御膳を味わう。城敷地内に設けた風呂に入り、ライトアップされた大洲城を眺める。就寝場所は四層四階の復元木造天守の一階。朝は、城から場所を移し、明治時代の数寄屋造りで国指定重要文化財の臥龍山荘《がりゅうさんそう》で、肱川《ひじがわ》や冨士山《とみすやま》を望みながら茶の湯を味わい、朝食の殿様御膳をとり、城主体験が終わる。

江戸時代にタイムトリップして歴史体験をしてもらうこの城泊、一泊二日二名利用（一名六六万円〔税込〕、定員二～六名）。城の所有者は大洲市で、指定管理者は一般社団法人キタ・マネジメント。事業主体も市で、宿泊運営はバリューマネージメント株式会社に委託している。

二〇二〇年七月二三日に最初の日本人客の宿泊があった。その後の実績は、二〇二〇年度と二一年度が各四組、二二年度が一二組、二三年度が一九組と増加している。当初の利用は日本人だったが、日本政府がインバウンドの解禁に踏み切ったこともあって、二二年度にシンガポールから、二三年度はアメリカ、インドネシアも含めこれまで四組の外国人の利用があったという。

大洲城の天守は、一八八八年（明治二一）に取り壊され、残された台所櫓、高欄櫓など四棟の櫓は、一九五七年、重要文化財に指定された。天守は、江戸期に作られた雛形や天守台の発掘成果などをもとに三年がかりで復元され、二〇〇四年に四層四階の木造天守がよみがった。復元天守と重要文化財に指定されている台所櫓、高欄櫓はもとあったように連結されている。

大洲城の木造復元天守

城泊、町泊りのまちづくり

城泊も通常営業をする場合には、旅館業法のもとづく営業許可がいる。もっとも設備基準については多人数を宿泊させる場合と大洲城のように二〜六名限定の宿泊では、その扱いも異なってくる。

火災の際などの避難については、大洲城の場合、二つの櫓と連結しているため二方向避難が可能だ。もっとも高層階に宿泊すると二方向避難が確保できなくなるので、消防との協議で、天守、櫓とも使用は一階に限定されることになった。夕食、朝食とも料理は持ち込みで調理場は設置しない。

トイレは、洗面所を備えたトイレカーを本丸に持ち込み、風呂は仮設のものを県指定の史跡外の二の丸に設置した。

大洲市では、城下町に残っている古民家を宿泊施設に改装し、受付を一か所ですませる町泊《まちどま》り事業も行われている。旅館業法が改正され、かつては宿泊施設ごとに置かなければいけなかった受付を集約することも認められるよう弾力化された。

こうした大洲市の城泊、町泊りのまちづくりは、国際認証機関グリーンディスティネーションによって持続可能な観光地二〇二〇のトップ一〇〇の一つに選定され、その中から翌二三年、六部門に分けた中の「文化・伝統」部門で最優秀に選ばれた。

大洲市では古民家や城を活用したまちづくりに市民の意識も変わり誇りも生まれてきているとして、今後も地域のコミュニティを育むまちづくりを続けていくことにしている。

平戸城の城泊

ちなみに長崎県平戸市にある平戸城でも城泊が行われている。本丸から、南蛮貿易で栄えた平戸港を見下ろせ、遠く壱岐や平戸瀬戸を見渡せる。

廃藩置県の後、現存する北虎口門《きたこぐちもん》、狸櫓《たぬきやぐら》を残して建物はすべて取り壊された。一九六二年に模擬天守など鉄筋コンクリート造りの建物として再建された。現存模擬天守は、本丸の沖見櫓の場所に再建されている。城泊に使われる懐柔櫓《かいじゅうやぐら》は、二層二階で一九七七年に再建された。

平戸市では、これら一連の鉄筋コンクリート建物が築後五〇年前後して耐震問題を抱えたため、二〇一八年度から三年計画で長寿命化を図ることになった。それに合わせて、城泊を始めることになり、懐柔櫓に風呂場を増築したほかキッチン、トイレを設置した。一棟貸しで、定員は五人。素泊まりで料金は六六万円（税込）。

コロナ禍で当初の予定より半年以上遅れて二〇二一年四月から営業開始し、二一年度は六泊一二人、二二年度は六組一四人の宿泊があり、二三年度は七組の宿泊が見込めるという。利用客は東京方面からが多いという。

観光庁の城泊、寺泊事業はそれだけにとどまらない。専門家を地域に派遣して城泊・寺泊事業の開発の相談にのる二〇二〇年度の事業に、城泊は七地域、寺泊は一四地域が選ばれ、城泊は二〇二一年度と二〇二二年度は各四地域となっている。

城泊は、大洲市と平戸市に加え、福山市も二〇二四年六月から二人で一泊一三二万円（税込）の城泊を始める予定だ。宿泊場所は、大洲城は復元木造天守、平戸城と福山城は復元鉄筋コンクリート櫓であり、国宝や重要文化財に指定されている現存天守や櫓で実施することは防火、防災上難しい。

二〇二二年度の城泊の相談事業に、天守が国宝の松江城も含まれていると聞き驚いて調べてみたら、応募団体は松江観光協会で、文化財部局に十分な相談もなく応募したとのことで、辞退したとのことだった。観光立国政策の下、文化財の観光資源化はとどまるところを知らないのだろうか。菅政権のもと一時も早くコロナ禍から立ち直って観光立国路線を継承することが謳われていたが、文化財の安易な観光資源化は慎重であるべきだろう。天守や櫓は本来、人が寝泊まりする施設ではない。歴史体験を活かした観光と言えるかどうか疑問が残る。

平戸城の見奏櫓（左）と模擬天守（右）

13. 高松城——悲願の天守木造復元

高松城は、瀬戸内海に面し、近世の海城としては最初で最大であり、日本三水城の一つとされる。天守は三重四階に地下一階で、最上階が一つ下の階よりも張り出して造られる「南蛮造り」と呼ばれる構造が特徴だ。

豊臣秀吉の四国征服の後、天正一五年（一五八七）に讃岐の領主となった生駒親正《いこまちかまさ》によって玉藻浦《たものうら》（現・高松市玉藻町）に築城されたが、続いて常陸国から移封された徳川光圀の兄松平頼重《よりしげ》と二代頼常《よりつね》によって改修された。

明治二年（一八六九）に版籍奉還にともなって廃城となり、管理が旧藩主松平家から陸軍省に移り、一八八四年（明治一七）に老朽化した天守は解体された。その後、城跡は松平家に払い下げられ、戦後の一九五五年に国史跡に指定されるのを機に、松平公益会から高松市に譲渡され、玉藻公園として一般に公開された。譲渡に当たって取り交わされた覚書に天守の復元が盛り込まれていた。

復元めざすも内観の史資料が欠如

一九八八年が築城四〇〇年にあたることから、市議会で復元の話がもち上がり、一九八五年から三年がかりで文化庁と五回協議を重ねたが、復元の根拠となる史資料が不足していることを理由に同意が得られなかった。天守の外観に関しては古写真があるが、内観に関する資料がないのだ。そこで、長期的な観点から高松城の整備を図ろうと、一九九六年に向こう六〇年間を見通した史跡高松城跡保存整備計画をまとめ、第二段階の二〇年間で天守の復元を企図した。

二〇〇三年に小泉内閣の構造改革でできた特区申請で復元の基準緩和を図ろうとしたが、特区は文化財保護法が及ばなくなる制度であり史跡の整備として望ましくない、ただし特区でなくても有識者委員会を設けて審議したうえであれば前向きに考えるとの回答を文化庁から得た。

そこで、二〇〇四年、「史跡高松城跡整備会議」と、その下に「建造物会議」と「石垣会議」を設け、検討を進めている。二〇〇五年から二〇〇七年までの史資料調査をもとに報告書をまとめたが、ケンブリッジ大学の図書館から天守外観の写真が見つかるなど成果があった。

二〇〇七年から二〇一二年にかけて、天守台石垣の修復工事を行ったが、それにともなって行った石垣の発掘調査の成果は大きかった。地下一階に「田」の字状に配置された礎石が残っており、四か所の空閑地の中央で掘立柱が見つかった。発掘の結果、建物の規模は藩士が著した『小神野筆帖《おがのひっちょう》』の記載と一致していることが確かめられた。また四本の柱は現存する月見櫓と、平面「田」の字の礎石は艮櫓《うしとらやぐら》と共通することがわかった。その結果、資料に欠ける階段の位置について二つの現存櫓を参考にした二案、最上階に関しては「諸神の間」との記録が残っていることから三千体の諸神や金の厨子などが中央にまとめて飾られていた場合と周囲の壁を取り巻いていた場合の二案の計四通りの想定をした復元案をまとめ上げた。

文化庁が復元基準を見直し

こうして高松城天守の復元は難しいと思われていたところに、歴史的建造物の復元基準の見直しが行われた。二〇二〇年四月に文化審議会文化財分科会で決定された「史跡等における歴史的建造物の復元等に関する基準」（以下、二〇二〇年復元基準と略）だ。

近世城郭とりわけ天守は、城下町にとって地域住民のアイデンティティを象徴するものだとして、天守が失われている城跡に天守の復元を希望している地域も多い。また、名古屋城のように一九五〇～六〇年代に鉄筋コンクリート造りで天守を復興した地方自治体では耐震問題を

現存する高松城月見櫓（重要文化財）

抱えている。

文化庁は、「史跡等における歴史的建造物の復元の在り方に関するワーキンググループ」（以下、ワーキンググループと略）を新たに設置し、二〇一八年一一月から検討を始めた。ワーキンググループの委員は八人。座長は、建築史が専門の藤井恵介東京大学名誉教授で、復元検討委員会の委員長でもある。他の委員は、文化遺産、建築、考古、歴史など専門の有識者（研究者）で構成された。このワーキンググループは、近世城郭の天守復元のあり方や鉄筋コンクリート天守への対応等について検討しようというものだった。

二〇一五年復元基準では、「歴史的建造物の復元」とは、「今は失われて原位置に存在しないが、史跡等の保存活用計画又は整備基本計画において当該史跡等の本質的価値を構成する要素として特定された歴史時代の建築物その他の工作物の遺跡（主として遺構以下「遺跡」という。）に基づき、当時の規模（桁行・梁行等）・構造（基礎・屋根等）・形式（壁・窓等）等により、遺跡の直上に当該建築物その他の工作物を再現する行為」と定義されている。

二〇二〇年復元基準では、この「復元」はそのまま維持されたが、それに加えて「復元的整備」が再定義された。「復元的整備」には二つの場合があり、（ア）史跡等の本質的価値の理解促進など、史跡等の利活用の観点等から、規模、材料、内部・外部の意匠・構造等の一部を変更して再現することで、史跡等全体の保存及び活用を推進する行為、（イ）往時の歴史的建造物の規模、材料、内部・外部の意匠・構造等の一部について、学術的な調査を尽くしても史資料が十分に揃わない場合に、それらを多角的に検証して再現することで、史跡等全体の保存及び活用を推進する行為とされる。

この定義を読んで、再現の根拠になる史資料が十分にそろわない場合にも、任意に歴史的建造物を再現することを認めるとの誤解も一部に生じているが、それはあたらない。「復元的整備」も旧基準にあったが、どういう場合にその「復元的整備」が適用できるかが明らかにされていなかったので、それを明確に整理したものと理解できる。

ちなみに「復元」と「復元的整備」その他の再現を総称して「再現」とする（「天守等の復元の在り方について」二〇一九年）。

鉄筋コンクリート天守の老朽化への対応

ワーキンググループは、鉄筋コンクリート天守の耐震問題に関し、二〇二〇年六月、「鉄筋コンクリート造天守等の老朽化への対応について」の取りまとめをした。

この中で、史跡等にある鉄筋コンクリート天守はいずれも建築後五〇年を超過しているが、鉄筋コンクリート建造物の耐用年数が約五〇年とされているのは、財務省が減価償却資産の耐用年数として定めたものであり、建物自体の寿命を指すものではない。いくつかの天守においては、従来果たしてきたその機能（博物館等）に鑑み、コンクリートの再アルカリ化、構造補強等の長寿命化のための措置が行われている。

また、史跡等に再現された鉄筋コンクリート天守は、多くが往時の外観を模しており、史跡の本質的価値の理解に資してきたが、その意義が史跡等の保存活用計画や整備計画等に示されていない場合がある。それ以外の役割、「歴史博物館」や「観光施設」の機能、「景観」を構成する要素としての機能、「地域のシンボル」として存在してきたことが示されている。

天守が「歴史的景観の形成に寄与」する近代の建築物として国の登録有形文化財（建造物）として評価されているものもあることなどを記している。

このまとめでは、結論として以下二点をあげる。

・史跡等における天守以外のRC造で再現された建造物であっても、いずれ老朽化対策の必要性が生じることに加え、地域において担うべき役割や史跡の価値の理解を促進させる機能を明確に位置づけることが望まれる。

・(国指定、地方指定、未指定を問わず、) 史跡等に所在する老朽化するRC造天守等は、今後、木造による再現の可能性の模索や長寿命化措置など、個別の史跡等の事情により様々な整備方策を執ることが考えられるが、老朽化対策を行う場合には、／史跡の活用方策とバランスをとりながら、メンテナンスを行っていくことが望ましい。

史跡に所在する鉄筋コンクリート天守は現在、以下の一三である。

松前氏城跡福山城跡（北海道）、若松城跡（福島県）、小田原城跡（神奈川県）、岐阜城跡（岐阜県）、小牧山（愛知県）、名古屋城跡（愛知県）、大坂城跡（大阪府）、洲本城跡（兵庫県）、和歌山城（和歌山県）、岡山城跡（岡山県）、福山城跡（広島県）、広島城跡（広島県）、熊本城跡（熊本県）

この取りまとめについて、文化庁に確かめたところ、木造復元か耐震長寿命化いずれかに誘導しようとの意図はないとのことである。史跡の保存活用、整備は所有者、保存管理団体の責任なので、耐震問題の対策は長寿命化か木造建て替えかを検討したうえで地元で主体的に選びなさい、鉄筋コンクリート造りの建物でも長寿命化を図れますよ、とのアドバイスである。小田原城のように、将来の木造建て替えを意識し耐震補強を図った例もある。

高松城天守復元の課題

上述した二〇二〇年復元基準と同年の「鉄筋コンクリート造天守等の老朽化への対応について」に先立って、文化庁のワーキンググループが二〇一九年八月に取りまとめた「天守等の復元の在り方について」を受け、高松城天守の木造復元を「復元的整備」でめざすと大西秀人市長が翌九月の市議会でさっそく宣言した。ところが、文化庁に相談したところ、当初から「復元的整備」と決めず、「復元」できないかを含め検討すべきとの助言が得られた。

そこで高松市では、高松城の本格的な整備に乗り出すため一九九六年に策定した史跡高松城跡保存整備基本計画を二〇二二年に史跡高松城跡保存活用計画に改定したが、その中で天守については「再現」をめざすとし「復元」も含め具体的な検討に乗り出した。天守の再現には基礎構造を確定させる必要があり、その基礎資料を得るため二〇二三年度から天守台の解体修理を担当した安藤ハザマに依頼して天守台や石垣の調査などを進めている。

ところで、高松城天守は明治時代に解体されて旧国宝の指定を受けていないので、建築基準法第三条第一項の「文化財保護法の規定によって国宝、重要文化財／史跡名勝天然記念物として指定され／た建築物」には当たらず、建築基準法第三条の適用除外になる余地がない。したがって、建築基準法に則って建てられるかどうかの検討が必要になる。

それに関しては、二〇二二年に伝統木造工法を活かして復元した桜御門の復元根拠を援用して、高松城の木造天守も復元できると高松市ではしている。

桜御門は、重要文化財の披雲閣《ひうんかく》がある三の丸と桜の馬場とを画する櫓門（二階門）で、一九四四年に旧国宝に内定しながらも翌年の終戦の年に高松空襲で焼失した。史資料が豊富に残っているうえ原位置に礎石も残っていたことから、二〇二二年に史跡高松城跡の最初の歴史的建造物として復元された。

桜御門の復元に当たって高松市では、二〇一六年三月に高松市文化財保護審議会を開いて「高松城桜御門については、高松市指定文化財と同等以上の価値があったと認めることができる」との答申を得て、建築基準法第三条第一項第三号の「文化財保護法第一八二条第二項の条例（高松市文化財保護条例）」で定められた保存建築物とすることの了承を得た。そのうえで同年四月に高松市建築審査会で、建築基準法第三条第一項第三号を準用した保存建築物として指定する同意を得、さらに同年六月に同条同項第四号の「その原形の再現がやむを得ないと認めたもの」の同意を得ることで建築基準法の適用除外を受けたのである。

14. 丸亀城——「石垣の名城」で大規模崩落

石垣の総高は日本一

丸亀城は、亀山（標高六六メートル）の頂部に、現存天守では最も小規模の御三階櫓《おさんがいやぐら》が建っている。山麓から山頂まで四重の石垣の総高は六〇メートルもあり、総高では日本一を誇る。丸亀市では、「石垣の名城」としてＰＲしている。

クレーンが動く崩れた石垣の復旧工事現場を訪ねたが、見上げるような石垣は壮観だった。豊臣時代に讃岐を与えられた生駒親正が、高松城を本城とし、いまの丸亀市の亀山に支城として築いたのが丸亀城だ。徳川幕府が一国一城令を出したが、要所を樹木で覆い隠し破却から守ったと伝えられる。その後、丸亀藩が立てられ、山崎氏が入封し、続いて京極氏が明治時代まで藩主を務めた。頂部の本丸にあり天守に相当する三重三階の御三階櫓は、万治三年（一六

丸亀城の天守「御三階櫓」（重要文化財）と石垣

六〇）に完成した。

明治時代に陸軍省の管轄となり、大正時代に丸亀市が山頂部を借地して亀山公園を開設した。御三階櫓は重要文化財、丸亀城跡は国史跡に指定されている。

丸亀城のおもな石垣は、割って加工した石を積み上げた「打ち込み接ぎ」で、各段が一列に配列された（横目地が通る）「布積み」だ。一方、大手桝形《おおてますがた》や搦手の南山中の栃の木御門跡の櫓台石垣は、石を直方体に仕上げて隙間なく積む「切り込み接ぎ」だ。大手桝形には、鏡石《かがみいし》と呼ばれる二メートルを超える大きな石が用いられている。南東山麓には、自然石を積んだ「野面積み」の石垣がある。

三の丸は、高石垣で、瀬戸内海側は高さ二〇メートル以上あり、隅角部は、直方体の大面《おおつら》（長い面）と小面《こづら》（短い面）を交互に積み上げた「算木積み」だ。栃の木御門周辺は築石の間に間詰石を隙間なく詰めており、特に美しい。二の丸南側には、本来隅角部であった石垣を拡張するため、算木積み大面の先端部を割って、その間に石を詰め、わかりにくくして継ぎ足している。本丸西石垣には、膨らんだ石垣が崩れないよう、外側に石を盛った「ハバキ石垣」が見られる。

二〇一八年豪雨と台風で石垣が大規模崩落

二〇一八年七月の豪雨で、三の丸石垣の裾を取り巻く帯曲輪《おびぐるわ》の南側の石垣が崩落した。それに続いて同年一〇月の台風二五号の影響で、八日に帯曲輪の西面の石垣が、翌九日には三の丸坤櫓《ひつじさるやぐら》の石垣が崩落した。

この時の様子は、まず七日に、帯曲輪石垣に設置してあった伸縮計が大幅な変状を記録し、石垣内部の栗石《くりいし》が内部で転落する音が確認されたという。伸縮計は、地割れをまたいで木杭を設置し、地割れが大きくなると線が伸びるのを測定する仕組みだ。八日早朝には市民から石垣で音がするとの通報があり、職員が駆けつけると石垣内の栗石が音を立て転落していた。午前一〇時一七分、帯曲輪石垣西面がガラガラという音響とともに一瞬にして崩落した。崩落は南北約一八メートル、高さ約一六メートルに及んだ。さらに翌九日、午前四時頃には、市民から石垣で音がすると通報があり、午前六時前、三の丸石垣が東西約二五メートル、高さ約一七メートルにわたって崩落した。

九日に、市長を本部長とする「丸亀城石垣崩落対策本部」が設置され、広報・工事・財政・保存活用分科会を設けて、復旧整備事業に取り組むことになった。城郭石垣の復旧にノウハウをもつ事業者を選ぶため、設計から施工まで一貫して請け負う「技術提案・交渉方式」による

丸亀城の石垣崩落

公募型プロポーザルを行い、鹿島が選ばれた。鹿島は、東日本大震災により崩落した白河小峰城の石垣復旧に携わった実績があり、その現場で設計、工事に従事した社員が丸亀城の復旧工事に配置されている。

石垣崩落の原因

丸亀城の石垣背後の盛土《もりど》には水を含むと弱くなるマサ（花崗岩の風化土）が含まれ、その盛土の上に高石垣が築かれている。また、帯曲輪の一部は過去に修復され、背後の地盤に〝新しい部分〟と〝古い部分〟があり、境目は水が浸み込みやすいと見られている。

そうした素因があり、二〇一八年七月の豪雨で帯曲輪の石垣の背後に雨水がたまって水位が上昇し、直線または円弧を描くように石垣内部の栗石と背面土が崩れる「円弧滑り」を起こしたと推定されている。その結果、帯曲輪や上段の三の丸の動きを助長し、帯曲輪の石垣を押し出し、背面盛土が沈下した。そこに雨水がしみ込んで盛土の荷重が作用し、石垣に細かい砂が詰まり、水位が上がって水圧が高まり帯曲輪が崩落したため、抑えが効かなくなって、三の丸が円弧を描き崩れた、と崩落のメカニズムが想定されている。

その想定が適切かどうかは、復旧工事に先だって遺された石垣の発掘調査をし、原因究明も併せて行われた。

丸亀市では、二〇〇五年頃、石垣の修理工事を計画し、翌年、石垣調査をして石垣台帳をつくっていた。発掘したうえで修復しなければならず、工期一四年との見積もりもしたが、厳しい財政状況で着手できないままとなった。

それから一〇年。二〇一五年から、翌年の工事着工をめざして、毀損箇所の測量や発掘調査を開始したが、帯曲輪で新たな地割れが確認され、三の丸石垣だけでなく、帯曲輪石垣の修理も必要となった。修理範囲・施工方法の見直しが必要となり、園路のう回路を設け、帯曲輪前に大型土嚢を設置するなど準備を進めていた。しかし、修理工事に着手する目前に、三度にわたる石垣の崩落に見舞われることとなったのである。

石垣全体のメンテナンスや修復には長期間要するので、そのためにも石垣全体の調査をして石垣カルテをつくり保存管理（活用）計画を立て、傷みがひどい場所や見学客が多い場所などを選んで優先的に修復していかなければいけない。城を管理している行政の財政事情は景気の波などに左右されるので、長期的な見通しを立てておくことが望まれる。

丸亀城の場合、上述した一〇年間のブランクが惜しまれる。

石垣の復旧事業

二〇一九年一〇月から復旧工事が始まった。当初は約六〇〇〇個の崩落石を想定し、工期は五年で、二〇二三年度末の完成をめざしていた。

より正確な崩落メカニズムを解明するため、初年度はボーリング調査や三の丸石垣の解体を進めていった。その過程で、三の丸石垣が想定以上に地中深くまで存在することが判明し、当初の二倍の約一万二〇〇〇個の石材の積み直しが必要とわかった。そのため完成予定を二〇二七年度末に見直すことになった。

それでも崩落前に予定されていた工期一四年とくらべると、期間が大幅に短縮された。それは大規模崩落で発掘調査は石垣が残された部分に限定されたことや、ゼネコンによる現場条件に適した設計によるという。画像処理により顔認証技術を応用し、崩落石材の元あった位置を特定する最新技術も利用する予定だ。

石垣の復旧工事は帯曲輪、三の丸石垣と下段から順に積み直していく。伝統工法による積み直しが基本となるが、必要に応じて現代工法も採用し安全性を図る。いまのところ震度七の地震に耐えるのは難しく、現在は震度六を想定しているという。

総事業費は約三五億円を見込んでいたが、約五二億五〇〇〇万円に見直された。国の災害認定受けているので七割が補助金、三割は丸亀市の予算となる。丸亀市では、「日本一の高さを誇る丸亀城石垣を修復する事業」へのふるさと納税を全国に呼びかけ、「丸亀市史跡等整備基金」に積み立てている。

城は、どこもそうだが、不断にメンテナンスが必要であり、財政事情の変動などをのりこえて保存管理を続けていくための手立てが必要だ。

15. 仙台城——守るべきは石垣、櫓復元を断念

仙台城は、独眼竜伊達政宗が慶長五年（一六〇〇）に縄張りを開始し、二年後に本丸を中心に一応の完成をみた。青葉山が広瀬川に張り出した先端の丘陵を利用して築かれた山城で、天然の要害である。しかし、天守はもともと築かれていない。二代藩主忠宗《ただむね》は、一段低い二の丸を造営して御殿を築き、その後、二の丸が城の中心として機能するようになっていった。

明治維新後、東北鎮台が遷され、本丸御殿である大広間が破却されて後、一八八二年（明治一五）、二の丸の殿舎が消失した。一九四五年に旧国宝の大手門ほかが空襲で焼失。戦後は米軍の進駐をへて、二の丸跡に東北大学、本丸の西部に護国神社がある。城の東半部は、青葉山公園になり、城背後の青葉山の御裏林《おうらばやし》は一部が国天然記念物に指定されている。

櫓復元断念し、国史跡指定

かねてからJR仙台駅から見える城の建物がほしいとの声があった。仙台商工会議所が、東北未来博の余剰金数億円を抱え、その資金で、本丸石垣の東南隅にあった艮櫓《うしとらやぐら》を復元しようということで計画が動き出した。一九九七年のことである。艮櫓は、正保三年（一六四六）の大地震で、足元の石垣もろとも倒壊した。石垣は修理されたが、艮櫓は再建されないままになっていた。したがって、その姿は正保絵図でしか見ることができない。

国史跡であれば、復元の条件とされる絵図などの「史料で精度が高く、良質なもの」かどうか問われるところだろうが、当時、仙台城は国史跡に指定されていなかった。したがって、発掘調査をし、遺構を壊さずに櫓を建てるのであれば、それを認めてもらえるだろうと仙台市経済局は判断し、計画を推進しようとした。

新たに木造の建造物を建てるには、建築基準法を満たさなければいけないので、コンクリートの杭を安定基盤層まで打ち込んで基礎を造らないといけない。史跡ではないにしても、埋蔵文化財包蔵地なので、櫓の復元にともなって遺構を壊さないように事前に発掘調査が行われた。石垣の天端を発掘調査したところ、櫓の基礎は検出できなかった。そこで、さらに調査したところ、現存する石垣の内側から、政宗の築城期のものとみられるII期にわたる石垣が見つかった。

仙台城I期の石垣は、伊達政宗により慶長五~七年（一六〇〇~二）にかけて構築され、元和二年（一六一六）の地震により崩壊した石垣と推定されている。仙台城II期の石垣は、元和二年の地震後に伊達政宗により構築された石垣で、正保三年（一六四六）の地震後に一部修復され、寛文八年（一六六八）の地震でほぼ全面が崩壊した石垣と推定されている。最も外側の現状の石垣は、寛文一三年（一六七三）以降、四代藩主綱村《つなむら》の治世期に完成したものと見られている。

となると、復元が計画された艮櫓は、II期の石垣の隅にあったもので、現在の石垣の角に造るのは場所が異なるのでおかしい。偽物の復元になるとして反対運動が起こった。折しも、宮城県を中心に旧石器遺跡のねつ造事件が公になり、その究明が行われていた時期と重なったこともあり、宮城県内の大学の歴史・考古学の研究者が反対運動を繰り広げた。

その結果、仙台市は、かねてから懸案だった仙台城の国史跡指定を受けることに方針転換し、艮櫓の復元計画は断念することになった。国史跡の指定は二〇〇三年で、指定された範囲は約六六ヘクタールにのぼり、翌年、整備基本構想が策定された。

仙台城跡に木造再建された大手門脇櫓

東日本大震災と石垣

艮櫓復元計画にともなう発掘調査を行った石垣は、国史跡指定の翌年、二〇〇四年まで七年がかりで修復が行われた。その際、一九七八年に宮城沖地震を経験しており、むこう二〇年以内に大地震の再来を予測して、修復は伝統工法を基本として行われたが、裏込《うらご》め石の沈下抑制のため耐震用補強ネットや、沢や谷部を埋め立てた箇所に基礎地盤の滑り予防に石垣前面に抑止杭を打つなど対策がとられた。

二〇一一年の東日本大震災では、本丸北西石垣で三か所石垣が崩落するなど石垣の崩落・変形、土塀の崩壊、本丸東側崖面の亀裂など被害が生じた。過去に陸軍により修復された裏込めや基礎の対策が不十分だったところの被害が大きかったという。

この東日本大震災で被災し、修復された石垣の一部が、二〇二二年三月一六日の宮城福島地震で再び崩落した。日本の近世城郭の石垣は工学的な計画の下で組み上げられたものでないだけに、修復維持が容易でないことがわかる。

仙台市では、二〇二一年に史跡仙台城跡整備基本計画を改定し、旧国宝で一九四五年の仙台空襲で消失した大手門を、すでに木造復元ずみの大手門脇櫓に続いて復元することをめざし、二〇二三年から発掘調査を進めている。

16. 松江城——国宝天守の耐震補強

城郭構造の発展示す松江城

　松江城の天守は外観四重、内部五階、地下一階で、平屋の附櫓が付属する。二重の櫓の上に二重（三階建て）の望楼を載せた望楼型天守である。

慶長五年（一六〇〇）、関ヶ原の戦いで戦功のあった堀尾忠氏《ただうじ》が、隠岐・出雲を得て松江藩が成立する。ところが、入城した月山富田《がっさんとだ》城は中世山城で近世城下町の形成に適さないので、宍道湖《しんじこ》と中海《なかうみ》を結ぶ太田川の近くの亀田山に松江城を築城した。

　望楼型天守とは、一重一階や二重二階の大きな入母屋造りの建物を基部にし、その上に一重一階から三重三階・四階の望楼部を載せた形式である。それに対し、基部の入母屋造りの建物がなく、一重ずつ順次組み上げた形式を層塔型天守と呼ぶ。近世城郭は望楼型天守から層塔型天守へと変容する。

望楼型天守の姫路城は、六階分を貫く二本の大柱があるが、その後、天守の築造には二階分の通し柱を効果的に配置して、上層の荷重を下層の柱が直接受けず、外側にずらしながら荷重を下に流す構法が用いられるようになる。後期望楼型天守の松江城は、地下～一階、一階～二階、二階～三階、三階～四階、四階～五階と交互に二階分の通し柱を配して支える「互入式通柱《ごにゅうしきとおしばしら》」構法を採用している。互入法を用いた最も早い例で、外観の古風さにくらべて意外なほどに進歩的な構法が採用されている。

松江城の落成時期を特定できる「慶長拾六年正月吉祥日」などと記した祈禱札も見つかり、その建築史上の価値が認められて、昭和三〇年代から地元が熱望していた国宝に二〇一五年に指定された。

石垣カルテ

松江城は二〇一〇年、三之丸石垣が大雨で崩れたため、古写真を探し出して積み直した。それを機に、二〇一二年から四年かけて松江城の石垣全体を国庫補助事業で調査し、二〇一七年に石垣カルテを策定した。

松江城天守・附櫓（国宝）

調査は、堀などを含むすべての石垣、総面積約一万八〇〇〇平方メートル（三〇四面）を対象に行われた。３Dレーザーで詳細な測量を行い、立体図や平面図、横断面図などを作成。一石ごとに目視による現地調査で、破損変形箇所などをまとめた。危険度判定は、膨らみや落石の状況、樹木の根や堀内の波といった要因を分析し、崩落の危険性と、人的被害や施設、景観への影響を複合的に勘案。危険度が最も高いAランク石垣が九面、Bランクは一一面、以下、C七面、D二一面、E三九面、F二一面、G一九四面、修理中二面に分類。

このうち、来訪者の動線沿いにある本丸入り口近くの本丸弓櫓《ゆみやぐら》下の二面（A判定）、石垣に変動が見られる二之丸南側の四面（A、B判定各二面）と三之丸東側堀の三面（B判定）で、二〇一八年度以降に解体修理に着手した。

天守の耐震補強

松江城天守は、一九五〇年から五年がかりで昭和の大修理が行われ、解体修理で七割がた材が取り換えられている。

二〇〇〇年の鳥取西部地震を経て行われた天守建物の耐震診断では、柱や小屋梁等の軸組部材や壁の構造性能に関わる破損について目視による確認では、構造上、重大な破損は確認されなかった。ところが、上記修理工事の報告書によると、外部大壁と内部真壁の二重壁の間には壁土が充填されていると記載されていたが、すべての階で二重壁の間に空隙があることが確認された。

文化庁が定めている「重要文化財（建造物）耐震診断指針」で診断の結果、天守の五階および三階で目標とする性能を若干下まわる結果となった。また、五階の一部の柱に大きな負荷がかかるため、曲げの影響が発生する恐れがあることが判明した。附櫓は必要な耐震性能を満たしているが、天守と附櫓の振動特性の違いから、天守との接合部の桁や梁に大きな影響があることが指摘された。

構造性能が不足することが明らかになったため、建物の文化財的価値を考慮しながら補強案を策定することになった。天守の補強案として、積載荷重（展示物等の配置・入城者数）の見直し、五階屋根荷重の軽減、五階および三階への耐力要素の設置、五階小屋裏水平構面の強化を行うことにより、目標とする耐震性能を満たし、かつ五階の一部の柱の曲げの影響を防ぐことができることがわかった。附櫓については、接合部の耐震性能を強化するために、中央大梁を支える添柱等を設置して天守地階柱と接合する方法がとられることになった。二〇一八年度に実施設計が行われ、二〇一九年度に施工された。

上記石垣カルテで、天守台の石垣は、膨らみのある北側面がD、その他の面はG判定だった。

昭和の大修理以降、大きな変形は生じていないと判断。3Dレーザーで経過観察を続けることになった。

ところで、昭和の大修理時に天守台石垣は一部が積み直され、石垣内側底部にコンクリートを流し込んでいる。その場所を示す記録や図面が最近確認された。

天守台、天守のつぎの解体修理は二、三〇年後になるとされるが、その際、石垣の積み直しにあたって、この内詰めのコンクリートの基礎をどうするか検討を迫られることになる。

松江城は、江戸時代来の石垣、木造天守が存続するいわゆる現存天守であるが、石垣、木造天守の保存は不断にメンテナンス、修復が必要で、名古屋城で木造天守を復元した場合も同じだ。

17. 肥前名護屋城——崩れた石垣が語る歴史

名護屋城の造営と破城

名護屋城は、玄界灘を望める佐賀県唐津市にある。天守は五重六階、地下一階の初期望楼型で、平山城であった。

豊臣秀吉は天正一八年（一五九〇）、小田原攻めで北条氏を下し、徳川家康を関東に移封し、天下統一を果たした。翌年、「唐入り」を全国に告げ、一〇月から城普請を開始して、わずか五か月あまりで、翌文禄元年（一五九二）三月、完成した。加藤清正と黒田長政、小西行長が城の縄張りにあたり、天守や櫓、門などの建設に二十数名の大名が動員された天下普請であった。

城山を取り巻くように全国から動員された大名たちが陣屋を築き、城下町もできて、人口が一〇万あまりにも達する一大城下町であった。

文禄元年に開始された文禄の役に続く、慶長の役の最中、慶長三年（一五九八）八月、秀吉は病死した。時をおかずに日本軍の撤退が始まり、戦役は終息した。そして名護屋城は廃城となった。

その後、この地を治めた寺沢広高《ひろたか》は治所《ちしょ》を移し、唐津城の築城を慶長七年（一六〇二）に開始するが、名護屋城を解体し、遺材を利用したと伝えられる。

調査と整備

「名護屋城跡並陣跡」は、一九二六年（大正一五）「史跡」に、一九五五年「特別史跡」に指定され、記念碑の設置や園路の整備が行われたが、現地は山野や田地に姿を変えたままだった。

全国的に戦後の復興天守ブームが起こった昭和三〇年代に、当時の町長（鎮西町）が農漁業中心の町の活性化を図ろうと天守の復元運動をしたが、文化庁から天守の存在を示す確かな証拠がないとして認められなかった。

発掘調査など学術調査をし、それにもとづいた整備・活用が行われるようになったのは、広域農業基盤整備事業と一九七五年の県立高校建設をきっかけとする。

名護屋城の石垣現状

一九七六年から陣屋の分布調査や発掘調査が開始された。城跡は遺構の状況や整備について情報が不足していたため城周辺の陣屋跡から遺構表示や案内板設置、見学路整備など環境整備が始まった。開始期の昭和五〇年代には、豊臣秀保《ひでやす》陣跡、堀秀治《ひではる》陣跡の発掘調査と環境整備が行われた。

一九八六年度から二〇二一年度にかけて四期にわたる保存整備事業が行われ、陣跡とともに名護屋城跡の発掘調査や環境整備事業が行われ、石垣は、崩壊の危険が高いところから修復が進められている。

これまでに発掘調査や環境整備事業が行われたのは、以下のとおり。

〈名護屋城跡〉山里口《やまざとぐち》、遊撃丸、本丸大手、搦手口、本丸御殿跡、山里丸茶室跡、本丸、天守台、二ノ丸、三ノ丸、水手曲輪《みずのてくるわ》、山里丸、鯱鉾池《しゃちほこいけ》、馬場、弾正丸《だんじょうまる》、船手口　ほか

〈陣跡〉堀秀治陣跡、古田織部《おりべ》陣跡、加藤嘉明《よしあき》陣跡、徳川家康陣跡、木下延俊《のぶとし》陣跡、徳川家康別陣、前田利家陣跡、黒田長政陣跡

一九九三年、佐賀県立名護屋城博物館がオープン。二〇一五年には、西和夫《にしかずお》神奈川大学名誉教授の指導を得て、往時の名護屋城をＣＧで再現し、タブレット端末で見ながら城跡を散策で

きるようになった。

破城の石垣

肥前名護屋城は、文禄・慶長の役の終了とともに廃城になったが、発掘調査が進むと石垣などが人為的に破却された実態が明らかになり「城破り」が注目を集めた。

象徴的なのは、石垣の隅角部が立面V形に崩されていること。「城の軍事性の放棄を効率よく表現する行為」である。天守台跡は、石垣上部と四隅が大きく破壊され、土砂や礫に埋もれた状態であったが、発掘で穴蔵構造が確認され、天守を破却していった状況が明らかにされた。築城当初の敷き詰められた玉石のすぐ上に、瓦類や鉄釘が大量に積み重なり、それらが土砂で人為的に覆われた上に、石垣の石材・小礫群（裏込め石）が崩れ落ちていた。

このように石垣の隅部を、立面V形に破却するのは、天守台だけでなく、本丸、三ノ丸石垣などでも確認された。

秀吉の居館があった山里丸は、山裾に自然の風情を残したままに造られていた。秀吉は日常の生活を山里丸で営んでいたとされ、発掘調査で飛石・井戸・垣根・溝そして茶室と推定される建物跡などが発見されている。

整備と歴史的意義

名護屋城跡の整備にあたって、上記のような城破りの遺構は歴史的に大きな意味をもっているため、「破却」の痕跡を、「築城」と同価値に位置づけ、崩壊している部分を崩壊した状況に復元する「現状保存ゾーン」と、一般的に行われる「活動期の姿に復元するゾーン」に分け、それぞれ異なる手法で修理が行われている。前者は、本丸、二ノ丸、三ノ丸、弾正丸、東出丸であり、後者は、山里丸、台所丸である。

こうした保存整備の方法について、「我が国希にみる海外侵略戦争拠点の整備方針として、活動期のみを再現するのではなく、その後の友好交流の時代を経た城跡の姿を保存することは、その歴史的意義を伝えるうえでもふさわしく、平和のモニュメントとして国際的にも理解が得られる方針である」と位置づけられている。

エピローグ

歴史的建造物の復元とは

全国各地に、一九六〇年代を前後して建てられた鉄筋コンクリート天守がいま、耐震問題を抱えている。

先に「13　高松城」の中で解説したように、文化庁は、城の管理団体である地元の自治体が調査検討したうえで木造復元と耐震補強・長寿命化のいずれを選ぶかを決めるようアドバイスしている。

もし、木造復元を選ぶ場合は、「史跡等における歴史的建造物の復元に関する基準」（二〇二〇年四月）にしたがって建てることになる。二〇二〇年復元基準の中には「復元」と「復元的整備」の二つが示されている。

「復元」は、当時の規模や構造、意匠にしたがって、遺跡の直上に建築物その他の工作物を再現する行為で、いわゆる可能な限り〝史実に忠実〟な復元をさすと考えられる。

それに対し「復元的整備」は、（ア）規模や構造、意匠の一部を変更して再現したり、（イ）

それらが史資料から十分に明らかにならない場合に多角的に検証して再現したりすることで、〝史実に忠実〟とは言えないが、史跡の価値を損なう恐れがなく、史跡の本質的価値の理解にとって有意義と認められれば、再現が許可される。

高松城の場合は、復元的整備の（イ）にあたるが、基礎構造をどうするかさらに検討が必要だ。復元的整備の（ア）にあたるのは、彦根城の表御殿《おもてごてん》の再現だ。彦根市市制五〇周年として表御殿の表向《おもてむき》が外観復元（鉄筋コンクリート構造）とされ、「彦根城博物館」として藩政時代の調度品・武具などを展示している。木造の建物には重要文化財や国宝の文化財を展示できないことになっているので鉄筋コンクリート構造で復元されたのだ。それに対し、奥向《おくむき》は発掘調査をへて「平面図」と「起こし絵図」にもとづき木造復元されている。表向と奥向は一体の建物で、中を見てまわっても違和感はない。一体として史跡彦根城の本質的価値の理解を促進しているといえる。

それでは名古屋城の天守木造復元はどうなるのだろうか？

計画されている名古屋城天守の基本計画が「復元」なのか、それとも「復元的整備」なのかについて、二〇二三年一一月二七日の名古屋市議会本会議で質疑が交わされた。松雄副市長が、名古屋城は史資料が最もそろっており、それにもとづいた復元だと答弁した。それに対し、自民党の浅井市議が文化庁に問い合わせたところ、目に見えない基礎構造の部分に鉄骨などを使

彦根城博物館として外観復元された表御殿表向

うのは復元でも認められるが、防災対策として実際にはなかった三階から四階に階段を常設することが計画されているのは、規模、材料、内部・外部の意匠・構造等の一部を変更して再現することになるので復元的整備にあたるとの回答を文書で得たとただした。

浅井市議に確かめたところ、階段増設は内部の意匠を変更することになり、「復元的整備」にあたると文化庁から回答を得たという。

この質疑に関し、名古屋市が文化庁に問い合わせた結果、文化庁から以下の回答を、文書ではないが説明を受けたと、一二月二五日の市議会経済水道委員会で答弁した。

・一般に、当時に存在しなかった階段などについて、再現する建造物の規模や構造等を変更して常設する場合は「復元」とすることは困難。

・ただし、基礎構造や壁内等の表面上に現れない箇所に、現代的な工法等を用いて施工することや、再現する建造物の規模や構造等を変更することなく、当時の姿に戻すことができる形で、付加的、仮設的に階段などを設置する場合には、「復元」とすることは可能であると考えている。

・いずれにせよ、「復元」か「復元的整備」かに関わらず、現状変更許可申請の内容を踏まえて、特別史跡名古屋城跡の天守台の保存に支障がないか、特別史跡名古屋城跡の本質的価値の理解にとって有意義なものかどうか審査して、天守台の上に歴史的建造物を再現する行為の可否について判断することになる。

・個別の変更箇所の逐一について、「復元」か「復元的整備」かを議論する事に意味はない。全体を見たときにどうなのか、事業者側で判断して、現状変更許可申請されるものだが、「復元」のほうが有利とか「復元的整備」が不利だとかいうことはなく、文化庁としてはそこにこだわることはない。

この説明をもとに、三階から四階への階段は建造物の規模つまり桁行・梁行等を変更するものではないので「復元」になる、と名古屋市は説明した。

私は、復元にしても復元的整備にしてもいずれも再現をみとめる基準なので、木造天守を望むのであれば、こだわらなくてもいいのではないかと思うがそうではないらしい。河村市長は、木造の建物は復元すれば本物になると思い込んでおり、百年後、二百年後には国宝になる天守の復元が任務だとしてあくまでも「復元」にこだわっているのである。また、木造天守を支持している市民の間でも江戸時代の天守が復元できると思い、エレベーターがついたような建物なら木造に反対という考えの人もいる。

木造天守の再建を考える時、〝史実に忠実〟といっても、基礎構造に現代工法や現代の材料を使わざるを得ず、お年寄りや子ども、障害者に配慮したバリアフリー対策は必須である。

再建された天守は複製品だが、偽物ではない。史資料にもとづき現代の価値観も考慮した建築物としての価値をもっている。鉄筋コンクリート造りの大阪城天守は〝史実に忠実〟と言えなくても、大阪の繁栄の象徴として再現されたという歴史的価値をもち、登録有形文化財に登録されている。重要文化財に指定してはどうかと文化財の専門家から聞かされたこともある。

その点も考慮すると、名古屋城の現鉄筋コンクリート天守、木造復元しようとされている天守、それぞれの価値とは何か、あらためて考えてみる必要があるのではなかろうか。

あとがき

名古屋城天守木造復元事業のゆくえを見きわめようと、二年あまり前に瀬戸内の広島県福山市にある歴史的港町、鞆《とも》から名古屋に引っ越してきた。

鞆は江戸時代以来の港湾施設や町並み・地割りが残り重要伝統的建造物群保存地区に選定されている。その港を埋め立てて橋を架けようとする計画に反対運動が起こり、訴訟が起こされ、埋め立てを差し止める判決が出された。景観保護を理由に公共工事を差し止める判決は初めてで注目された。景観保護を日本イコモスが支援し、私もかかわっていたので、その縁で鞆に一〇年あまり住んでいた。

名古屋に引っ越してきて、信長、秀吉、家康にゆかりの深い土地だけに城跡や旧街道巡りが盛んなのに目を見はったが、その一方で、名古屋城の天守木造復元事業に一般市民はあまり関心がなさそうなのを感じた。二、三年たてば、同事業の目鼻がつくのではと漠然と考えていたが、整備基本計画がまとまる直前に差別発言問題が起き、同事業は霧に包まれる事態となった。

河村たかし市長に初めて接したのは、二〇〇九年千代田区長選挙の時、東京中央郵便局を高層ビルに建て替える計画に反対する候補の応援に駆けつけて街頭演説する姿だ。ブルーノ・タウトがモダニズム建築の傑作と讃えた同ビルが、郵政民営化の一環として高層ビルに建て替えが計画されていたのだ。

当時河村市長は、民主党の衆議院議員で、母校の愛知県立旭丘高校の校舎建て替えに反対し、校門の前に座り込みの反対運動をしたこともよく知られる。私が現在住んでいる近くにある旧東海道沿いの重要伝統的建造物群保存地区「有松」は、江戸時代以来の絞り染めの産地として有名だが、河村市長は有松にも愛着をもち、いつも藍色の有松絞りのシャツを身に着けている。

そのように伝統文化や歴史的建造物に関心が深いのだが、どうしたわけか木造の歴史的建造物は復元すれば本物になると思い込んでおり、そのことが名古屋城天守木造復元事業に混乱をもち込んでいる。また、障害者の人権保障に行政の長として問題があるのではと指摘したが、オリンピックで金メダルを獲得した女子選手が表敬訪問した際に金メダルをかむ騒ぎを起こしたことや、あいちトリエンナーレの出展作品に反対してプラカードを掲げて座り込みをしたのは、行政の長として奇矯としかいいようのない行為ではなかろうか。

去年の秋旗揚げした作家百田尚樹氏が代表の日本保守党の共同代表に河村市長は就任し、みずからが率いる減税日本は特別友党関係を結んだ。来るべき衆議院議員選挙に立候補するのか、それとも名古屋城天守木造復元事業に見通しをつけようと再度市長選挙に挑戦するのか？　政治の家業化、多選に反対し、前回の市長選挙の際にこれが最後だとしていたが、今後の身の振り方については問われるといつも「南無阿弥陀仏」と唱え煙に巻く。今後の河村市長の動向は名古屋城天守木造復元に大きな影響を与えることも考えられ、政界の動向に目を離せない。

名古屋城をはじめとする全国各地の鉄筋コンクリート天守の耐震問題は、六年前から『建築ジャーナル』編集長の西川直子さんと編集者の山崎太資さんのお世話になって「お城と日本人」のタイトルで連載をしており、それに加筆して本書をまとめることになった。名古屋城の整備事業は今後も続くので、『建築ジャーナル』の連載は続けていきたいと思っている。

本書をまとめるにあたって、名古屋城の天守木造復元に携わってこられた名古屋市や名古屋城総合事務所、それに有識者会議の諸先生方、また文化庁や文化審議会の関係者の方々に取材にご協力いただき感謝したい。また、全国各地でまちづくりとも大きなかかわりをもつ城や城郭公園の保存整備にあたっておられる方々にも取材でお世話になった。お礼とともに、敬意を表したい。本書を執筆中に、首里城の昭和の復元に貢献された建築史の鈴木嘉吉先生が逝去された。鈴木先生にはＮＨＫ奈良放送局在任時以来お世話になり、今回の首里城の復元についてもご教示いただいたが、この本を献呈できないままになってしまった。ご冥福をお祈りしたい。

最後に、文化財の中で近世城郭跡の建造物の保護とは、中世末、近世以来存続してきた本物を未来に伝えていくことが基本で、歴史的建造物の復元は歴史を見誤らせるものであってはならないことをあらためて確認しておきたい。そのうえで、文化や歴史を未来につないでいくためにも、私事にわたるが孫の悠介が健やかに成長してくれることを祈って、この書を贈りたい。とあとがきを書き終えたところで、弟俊雄の訃報に接した。形質人類学の研究者として日本人の系譜の研究に一石を投じた弟の霊前にもこの書を捧げたい。

二〇二四年五月一一日

毛利和雄

【参考資料・文献】

〈資料〉

＊名古屋城および天守木造復元事業については、名古屋城公式ホームページ「特別史跡名古屋城」を参照した。

＊河村たかし市長の発言の引用は、特に断らないかぎり、名古屋市ホームページ「ようこそ!市長の部屋へ」による。なお、二〇一一年度以前のデータは、国立国会図書館インターネット資料収集保存事業に保存されている。

＊名古屋市議会の審議に関する引用は、特に断らないかぎり、名古屋市市会ホームページ「会議録・委員会記録検索システム」によった。

＊市議会に提出された資料や付帯決議は、名古屋市市会ホームページ「会議録・委員会記録検索システム」で公開されていないが、市議会図書館か名古屋市市民情報センターで閲覧できる。

＊上記情報は、名古屋市民オンブズマンのホームページや「市民オンブズマン 事務局日誌」に掲載されたうえ、独自の解説も付されているので参考にした。ただし掲載は近日後の場合も多く留意されたい。

＊特別史跡名古屋城跡の有識者会議は、「特別史跡名古屋城跡全体整備検討会議」の下に「天守閣部会」「石垣・埋蔵文化財部会」「庭園部会」「建造物部会」があり、各部会の配布資料と議事録は、名古屋城公式ホームページ「特別史跡名古屋城」の中の「保存整備∨復元事業の進捗情報」を参照した。

＊各地の城に関する概要および整備基本計画・保存活用計画等は、各城・自治体・内閣府ホームページや報告書を参照した。

〈文献〉
外務省・文化庁・環境省・林野庁『世界遺産条約採択四〇周年記念最終会合報告書』二〇一三年
嘉村哲也「熊本地震による熊本城の被害と復旧」『文化遺産の世界』三二、二〇一八年
北垣聰一郎『石垣普請』法政大学出版局、一九八七年
熊本県立美術館『図録　震災と復興のメモリー@熊本』二〇一七年
熊本市・熊本日日新聞社『復興　熊本城』一〜六、二〇一七〜二〇二〇年
熊本市・熊本日日新聞社『復興　熊本城別冊　熊本城天守閣常設展示図録』二〇二一年
佐藤正知「近世城郭の保護についてのメモ」『近世城跡の近現代』奈良文化財研究所、二〇一七年
陣内秀信『東京の空間人類学』ちくま学芸文庫、一九九二年
千田嘉博『信長の城』岩波新書、二〇一三年
千田嘉博編著『天下人の城―信長から秀吉・家康へ―』風媒社、二〇一二年
逐条解説建設基準法編集委員会編著『逐条解説　建築基準法』ぎょうせい、二〇一二年
東京都江戸東京博物館編集『図録　江戸城展』東京都江戸東京博物館・読売新聞社、二〇〇七年
内藤昌『復元安土城』講談社学術文庫、二〇〇六年
内藤昌編著『ビジュアル版　城の日本史』角川書店、一九九五年
中村博司『天下統一の城　大坂城〈改訂版〉』（シリーズ「遺跡を学ぶ」〇四三）新泉社、二〇二三年
那覇市歴史博物館『国宝「琉球国王尚家関係資料」資料集　首里城御普請物語』二〇二二年
日本イコモス国内委員会憲章小委員会編訳『文化遺産保護憲章　研究・検討報告書』一九九九年
日本建築学会「特集一一　建築文化遺産―未来へのまなざし―」『建築雑誌』一七四三号、二〇二〇年
『〝復元〟名城完全ガイド』（イカロスＭＯＯＫ）イカロス出版社、二〇一五年
藤木久志・伊藤正義編『城破りの考古学』吉川弘文館、二〇〇一年

藤田早苗『武器としての国際人権―日本の貧困・報道・差別―』集英社新書、二〇二二年
麓和善「築城から名古屋離宮まで」『名古屋城再建』樹林舎、二〇一〇年
文化庁文化財部記念物課監修『石垣整備のてびき』同成社、二〇一五年
文化庁文化財部記念物課監修『史跡等整備のてびき―保存と活用のために―』同成社、二〇〇五年
松沢成文『始動！江戸城天守閣再建計画』ワニブックスPLUS新書、二〇一六年
三浦正幸・中村泰朗・野中絢『江戸城天守　寛永年度江戸城天守復元調査研究報告書』特定非営利活動法人江戸城天守を再建する会、二〇一六年
宮武正登『肥前名護屋城の研究―中近世移行期の築城技法―』吉川弘文館、二〇二〇年
村中元「大洲城天守の木造復元、その意義とは」『天守甦る』公益社団法人日本マーケティング協会、二〇一八年
毛利和雄『改訂版　世界遺産と地域再生』新泉社、二〇一一年
毛利和雄「甦った大極殿―遺跡博物館　平城宮跡に大極殿復原―」『ミュゼ』九四号、二〇一〇年、アム・プロモーション
毛利和雄「首里城の復原と那覇市の景観」『ミュゼ』九五号、二〇一一年、アム・プロモーション
毛利和雄「お城と日本人（一～四〇）」『建築ジャーナル』一二六六～一三五五号、二〇一七～二〇二四年
毛利和雄「お城とまちづくり（一～五）」『ミュゼ』一一八～一二八号、二〇一七～二〇二二年、アム・プロモーション
毛利和雄「尾道と文化的景観」『尾道文化』三五号、二〇一七年、尾道市文化協会
渡辺武ほか編『大阪城ガイド』（カラーブックス六一八）保育社、一九八三年
World Heritage List, UNESCO World Heritage Centre (https://whc.unesco.org/en/list/)

【写真提供（所蔵）】

毎日新聞社：p.9「戦前の名古屋城」、p.13「炎上する天守」、p.15「足場がとかれた現鉄筋コンクリート天守」

名古屋城総合事務所：p.11「復元本丸御殿の障壁画」、p.17「特別史跡名古屋城跡と名古屋市街地」、p.27「旧天守および小天守」、p.53「復元本丸御殿と現天守」、p.57「天守台」、p.61「旧天守の地階（穴蔵）」、p.107「旧天守四階の階段」

朝日新聞社：p.34「記者会見する河村市長」、p.207「焼失した首里城」

Photo library：p.98「白河小峰城三重櫓」、p.100「掛川城天守」、p.103「大洲城天守」、p.221「姫路城天守」、p.231「江戸城天守台」、p.235「江戸城外堀と中央線」、p.239「大阪城公園」、p.241「大阪城天守閣」、p.253「小田原城天守」、p.265「福山城天守」、p.267「福山城伏見櫓」、p.269「福山城湯殿」、p.281「広島城天守閣」、p.287「大洲城天守」、p.291「平戸城見奏櫓と模擬天守」、p.295「高松城月見櫓」、p.313「仙台城大手門脇櫓」、p.317「松江城天守・附櫓」、p.323「名護屋城石垣」、p.329「彦根城博物館」

熊本城総合事務所：p.195「地震で被災した熊本城大天守・小天守」、p.203「修復された熊本城大天守・小天守」、p.204「被災した飯田丸五階櫓」

国営沖縄記念公園（首里城公園）：p.211「首里城正殿」

近江八幡市（天主復元案は内藤昌氏監修・凸版印刷株式会社制作）：p.247「VR安土城」

岡山城管理事務所：p.259「岡山城天守」

丸亀市教育委員会：p.303「丸亀城御三階櫓」、p.306「丸亀城の石垣崩落」

著者：p.168「名古屋城バリアフリー問題の抗議集会」、p.181「再建天守と見学者」、p.274「かつての〝尾道城〟と尾道駅」

【図版出典／作成】

特別史跡名古屋城跡木造天守整備基本計画／松澤利絵作成：p.55「図1　名古屋城の概略図」、p.59「図2　天守の荷重をどのように支えるか」、p.108「図3　名古屋市が示した２方向避難案の概略」、p.158-9「図6　基礎構造の見直し例」

特別史跡名古屋城跡木造天守整備基本計画：p.128「図4　現鉄筋コンクリート天守先行解体の工事計画」

浅井正仁名古屋市議市議会質問パネル／松澤利絵作成：p.147「図5　跳ね出し架構」

著者紹介

毛利和雄（もうり・かずお）

1948年生まれ。早稲田大学第一政治経済学部卒業。

元NHK解説主幹。文化財報道に長年携わる。

日本イコモス国内委員会会員、日本記者クラブ会員、文化財保存全国協議会会員。

〔著書〕『世界遺産と地域再生〈改訂版〉』新泉社、『高松塚古墳は守れるか―保存科学の挑戦―』NHKブックス、〔共著〕『文化財保存70年の歴史　明日への文化遺産』新泉社、『季刊考古学別冊　ジャーナリストが語る考古学』雄山閣出版、〔論文〕「考古学とマスメディア」『考古学研究60の論点』考古学研究会、「良好な景観の形成と観光力」『観光考古学』ニューサイエンス社、「歴史的港湾都市『鞆を救え』」『季刊まちづくり』学芸出版社ほか多数。

名古屋城・天守木造復元の落とし穴

2024年 7月　1日　第1版第1刷発行

著　者＝毛利和雄

発　行＝新 泉 社
東京都文京区湯島1－2－5　聖堂前ビル
TEL 03（5296）9620 ／ FAX 03（5296）9621
印刷・製本／萩原印刷

ISBN978－4－7877－2306－2　C1021

シリーズ「遺跡を学ぶ」

02 天下布武の城　安土城　木戸雅寿　1500円+税

織田信長が建てた特異な城として、いくたの小説や映画・TVドラマで描かれてきた安土城。近年の考古学的発掘調査により、通説には多くの誤りがあることがわかった。安土城の真実の姿を考古学的調査から具体的に明らかにし、安土城築城の歴史的意義をさぐる。

43 天下統一の城　大坂城〔改訂版〕　中村博司　1700円+税

大坂本願寺から秀吉・秀頼二代の栄華の舞台であった大坂城。徳川将軍家の別邸として再築された大坂城。——戦乱の世から江戸時代の幕開け、そして江戸から明治へという時代の大きな転換点に立ち会い、歴史の流れと運命をともにした大坂城四〇〇年の歴史をたどる。

145 琉球王国の象徴　首里城　當眞嗣一　1600円+税

琉球王国の政治・経済・文化の中心的役割をはたしてきた首里城。戦後、沖縄戦で破壊された正殿の復元が叫ばれるなか、その真の姿を発掘調査によって追究してきた著者が、沖縄を代表するグスクとしての首里城の特色と出土した貿易陶磁器、武器・武具、装飾品などを解説。

江戸のなりたち〔1〕江戸城・大名屋敷　追川吉生　1800円+税

江戸の町は文明開化、関東大震災、戦災によってほぼ姿を消してしまったが、地下にはその痕跡が眠っている。再開発によって目覚めた江戸の遺跡から「江戸のなりたち」を探訪する。
〔内容　1江戸城探訪／2外堀探訪／3大名屋敷探訪／4大名庭園探訪〕